华章经管

HZBOOKS | Economics Finance Business & Management

华章经典·金融投资

格雷厄姆精选集
演说、文章及纽约金融学院讲义实录

THE REDISCOVERED
BENJAMIN GRAHAM
Selected Writings of the Wall Street Legend

[美] 珍妮特·洛 著　林安霁 樊帅 姚立 译
JANET LOWE

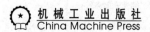
机械工业出版社
China Machine Press

图书在版编目（CIP）数据

格雷厄姆精选集：演说、文章及纽约金融学院讲义实录 /（美）珍妮特·洛（Janet Lowe）著；林安霁，樊帅，姚立译 . —北京：机械工业出版社，2020.5
（华章经典·金融投资）

书名原文：The Rediscovered Benjamin Graham: Selected Writings of the Wall Street Legend

ISBN 978-7-111-65509-1

I. 格⋯ II. ①珍⋯ ②林⋯ ③樊⋯ ④姚⋯ III. 金融投资 IV. F830.59

中国版本图书馆 CIP 数据核字（2020）第 074206 号

本书版权登记号：图字 01-2020-1215

Janet Lowe. The Rediscovered Benjamin Graham: Selected Writings of the Wall Street Legend.
ISBN 978-0-471-24472-4

Copyright © 1999 by Janet Lowe.

This translation published under license. Authorized translation from the English language edition, Published by John Wiley & Sons. Simplified Chinese translation copyright © 2020 by China Machine Press.

No part of this book may be reproduced or transmitted in any form or by any means, electronic or mechanical, including photocopying, recording or any information storage and retrieval system, without permission, in writing, from the publisher. Copies of this book sold without a Wiley sticker on the cover are unauthorized and illegal.

All rights reserved.

本书中文简体字版由 John Wiley & Sons 公司授权机械工业出版社在中华人民共和国境内（不包括香港、澳门特别行政区及台湾地区）出版发行。

未经出版者书面许可，不得以任何方式抄袭、复制或节录本书中的任何部分。

本书封底贴有 John Wiley & Sons 公司防伪标签，无标签者不得销售。

格雷厄姆精选集

出版发行：机械工业出版社（北京市西城区百万庄大街 22 号 邮政编码：100037）	
责任编辑：施琳琳	责任校对：殷 虹
印　　刷：大厂回族自治县益利印刷有限公司	版　　次：2020 年 6 月第 1 版第 1 次印刷
开　　本：170mm×230mm　1/16	印　　张：16.5
书　　号：ISBN 978-7-111-65509-1	定　　价：69.00 元

客服电话：(010) 88361066　88379833　68326294　　投稿热线：(010) 88379007
华章网站：www.hzbook.com　　读者信箱：hzjg@hzbook.com

版权所有·侵权必究
封底无防伪标均为盗版
本书法律顾问：北京大成律师事务所　韩光 / 邹晓东

献给约翰逊家族的：

Art、Risé、Laurel Ann 和 A. J.

译者序

牵头组织翻译本书的原因很简单：学习、感恩和分享。

还记得当年作为一名非典型大龄MBA学生，我负担着巨大的机会成本，来到哥伦比亚大学商学院（Columbia Business School, CBS），追寻我追随沃伦·巴菲特、升级投资哲学的理想。第二年，通过层层选拔，我幸运地入选了前身为格雷厄姆价值投资课程的价值投资项目（Value Investing Program），成为巴菲特的直系学弟。

回忆起白驹过隙的求学时光，回想起挑灯夜战时自我鼓励的话语，历历在目，宛如昨日，我对CBS充满了感恩之情。感恩CBS的教授，尤其是那些身兼要职、管理着几十亿美元资产却要每周都来学校给我们上课的教授。他们倾囊以授、毫无保留，甚至详细剖析自己失败的投资案例并接受我们的挑战，用在晚辈面前"揭伤疤"的方式传授实战中的反思与教训。翻译本书，不仅让我离祖师爷本杰明·格雷厄姆（CBS金融学教授，也是"CFA之父"）的智慧更近了一些，也是感恩、回馈母校的契机，还给了我一次把原汁原味、历久弥新的价值投资知识传播给国内投资界同行的机会。

中国适合价值投资吗？可能国内不少业内同行心存疑惑，甚至倾向于给出否定的答案。本书的译者之一樊帅先生和其他学者于 2018 年发表了论文《价值投资：会计信息价值相关性累积效应研究》，他们用基于数据的严格实证研究，证明了中国股票市场从长期来看具备价值发现功能，投资者充分挖掘以会计信息为基础的公司价值，可以获得满意的收益，为价值投资提供了理论依据。在投资实践方面，我所观察到的严格践行价值投资原则的投资基金或个人投资者都取得了较好的长期回报。有趣的是，书中讨论的 20 世纪上半叶美国证券市场的种种现象，其中不少都让人感觉在中国证券市场上似曾相识。大道至简，可惜真正相信价值投资的人并不太多；知易行难，能坚持价值投资并克服人性弱点的人也不常见。如果本书能为价值投资在中国的发展做出哪怕极其微薄的贡献，都是我们的荣幸。

  本书的另一位译者姚立先生是价值投资的信仰者，为价值投资在中国的普及做出了贡献。他认为，虽然客观上投资者的绝大部分收益源于社会变革，叠加人类心理悲喜波动引起的估值变化，但是主观上格雷厄姆和巴菲特已经为我们充分展示了何为价值守望者，那就是知行合一的价值信仰和终身学习的工作与生活态度，从而忽略历史进程中的各种波动和诱惑。姚先生博览群书，学识渊博，每次与他讨论问题，我都受益匪浅。

  本书的翻译分工如下：第三部分和第五部分由林安霁翻译，第一部分、第二部分和第六部分由樊帅翻译，第四部分由姚立翻译，全书主要由林安霁统稿、斟酌与校对修改。特别感谢策划编辑杨熙越女士和责任编辑施琳琳女士，感谢她们为本书的出版所做的努力与付出！

林安霁
2020 年 1 月于美国西雅图

| 前 言 |

当世界上成功的投资人巴菲特向微软创始人比尔·盖茨分享一些投资忠告时,幸运的比尔·盖茨得到了什么宝贵意见呢?

巴菲特多年来一直向任何愿意倾听的人传达同样的信息:阅读格雷厄姆的著作。尽管巴菲特第一个承认自己对格雷厄姆的投资哲学有所取舍——放弃了一些他的教义,广泛吸纳他人的思想,并加入自己的哲学,但是,巴菲特仍然坚持认为,价值投资之父格雷厄姆是他的起点。格雷厄姆写于1949年的经典著作《聪明的投资者》仍然是任何投资者书架上的必读"圣经"。

在投资及经济领域里,格雷厄姆是一位高产且颇受欢迎的作家。他从20世纪20年代开始写作,到1976年去世为止,除了出版的5本著作(始自1934年的《证券分析》),还为学术期刊、大众媒体和杂志撰写文章。

格雷厄姆的文章曾两度带动了股市的大规模反弹:一次是在1929年股市崩盘之后,另一次是在20世纪70年代长期熊市之后。在半个世纪里,格雷厄姆的课程引领并启发了无数华尔街专业人士。他曾以笔名"苦思者"(The Cogitator)在颇受推崇的《金融分析师杂志》(*Financial Analyst*

Journal）㊀上发表多篇文章。他对美国经济和国际经济的看法及见解甚至得到凯恩斯这类伟大经济学家的响应。

格雷厄姆因备受推崇而受征召至美国参议院，在声誉卓著的富布赖特委员会就证券行业的最新发展提供证词。他对每个议题所发表的评论，充分体现了他的机智、聪慧及独到见解，他总是为股东寻求公平的交易。

直到今天，格雷厄姆在杂志上发表的短文、他的演说及讲稿仍被广泛引用，但依然无法满足想要拜读格雷厄姆早期作品的人，因为那些早期作品不易寻得。

总是有许多人向我索取我所珍藏的格雷厄姆作品的复印件，所以我自忖，如果能将格雷厄姆的作品结集成册，特别是把一些尚未失传却又不易寻获的作品编辑成册，应该是个造福读者的好主意。

将格雷厄姆的所有讲稿及短文都整理成书是不切实际的。坦率地说，格雷厄姆的某些著作已不能满足当今读者的需求。所以，我们只挑选他最杰出的作品，且尽量忠于原著，不做增删。即使因时代、价值观的改变而不得不做修改时，我们也努力保持格雷厄姆自己的原则和观点。

我们修改了格雷厄姆在纽约金融学院（New York Institute of Finance）的讲义，一方面是因为篇幅太长，另一方面是因为讲义内容是学生一字不漏抄录下来的，掺杂着一些与主题无关的内容，例如一些课堂教学活动的叮嘱及对于当时不重要事件的评论。此外，在一个学期的时间里，格雷厄姆可能好几次都在讨论同一个主题，在这种情况下，不完整和较无说服力的部分已被删除。在编辑的过程中，我们无不费心地保留格雷厄姆在课堂上所要传达的主要思想与方法。

㊀ 《金融分析师杂志》（Financial Analysts Journal）是 CFA 协会发行的专业刊物。自 1945 年以来，该杂志通过发表来自学者与从业人员的严谨的、经同行评审和实务相关的原创性研究成果，以提升行业对投资管理实践的认识与理解。《金融分析师杂志》的曾用名为《分析师杂志》（The Analysts Journal）。——译者注

本书就像一台时光机，将带领读者回到过去的投资世界：格雷厄姆提到铁路工业的萧条、飞机制造业的崛起，他还预言第二次世界大战后将会出现房地产市场的繁荣。格雷厄姆常常警告大众，尝试预言未来是件危险的事，而他也没能预见战后的科技变迁及接踵而至的经济腾飞。毕竟，历史对我们有太多的启示。

尽管如此，格雷厄姆的理念仍持续受到20世纪最大规模、最忠实的投资群体的拥护与推崇。越是研读他的价值投资原则，越是对他肃然起敬。巴菲特为第4版《聪明的投资者》写序，序中提道："市场行为越愚蠢，聪明的投资者的机会就越大。跟随格雷厄姆，你会从大众愚蠢的行为中获利，而不会让自己成为其中一分子。"这句话道出了阅读格雷厄姆著作的价值。

本书的出版历时很长时间，有许多人在其中做出了贡献。假如遗漏了任何人，我在此致上歉意。我要特别感谢巴菲特、沃尔特·施洛斯（Walter Schloss）、欧文·卡恩（Irving Kahn），以及所有格雷厄姆在哥伦比亚大学商学院的得意门生，他们费心保存文件，使人们对格雷厄姆的记忆常保鲜活。小格雷厄姆博士（Dr. Benjamin Graham Jr.）也一直慷慨地鼓励并允许我们发表他父亲的私人珍藏。感谢John Wiley & Sons出版公司的Myles Thompson、Jennifer Pincott和Mary Daniello，他们对本书贡献良多。Austin Lynas把索引整理得清晰明了。我还要对我的专业支持团队成员——Alice Fried Martell、Jolene Crowell和Phyllis Kenney表示感谢。

希望你能享受阅读本书的乐趣，一如我整理和编辑本书时所获得的那样。

珍妮特·洛

1999年3月于加利福尼亚州德尔马

| 目 录 |

译者序
前言

格雷厄姆与证券分析:往事追忆 / 1

第一部分　金融的商业道德

第1章　美国公司倒闭是否比经营更有价值 / 7

仓廪丰实,股东泄气:公司是否在挤榨投资者 / 7
富有的公司应该把现金返还股东吗 / 13
是否应该将公司关门清算 / 19

第2章　美国资本主义的伦理 / 23

第二部分　股票和市场

第3章　新型股票投机 / 29

第 4 章　股市警告：危险在前 / 41

第 5 章　价值的复兴：少有的投资机会浮现 / 54

第 6 章　股票的未来 / 60

第三部分　关于投资职业

第 7 章　迈向科学的证券分析 / 75

第 8 章　在美国参议院银行和货币委员会的证词：影响股票买卖的因素 / 85

第四部分　投资策略：格雷厄姆讲义

当前证券分析的问题第 1 讲 / 135
当前证券分析的问题第 2 讲 / 145
当前证券分析的问题第 3 讲 / 147
当前证券分析的问题第 4 讲 / 150
当前证券分析的问题第 5 讲 / 167
当前证券分析的问题第 6 讲 / 174
当前证券分析的问题第 7 讲 / 176
当前证券分析的问题第 8 讲 / 184
当前证券分析的问题第 9 讲 / 193
当前证券分析的问题第 10 讲 / 197

第五部分　大宗商品储备计划

第9章　关于建立一个国际大宗商品储备货币的提议 / 215

第10章　多种大宗商品储备计划总结 / 220

第六部分　格雷厄姆访谈录

第11章　格雷厄姆：价值投资之父仍存担忧 / 229

第12章　寻找价值被低估股票的简易方法 / 237

第13章　与格雷厄姆的1小时对话 / 243

格雷厄姆与证券分析:往事追忆⊖

(沃尔特·施洛斯)

格雷厄姆是一位思路清晰且具有创造力的思想者,为人十分谦逊且有着极高的道德标准。我曾有幸作为证券分析师为这位独一无二的智者工作近10年。

重读《证券分析》(第1版)的序言,我依然对格雷厄姆的观点深感震撼:"鉴于理论必须结合实践才有意义,我们在引用概念、原理、准则及各类逻辑时十分谨慎,尽量避免提及太过晦涩或实用价值不大的内容。"

其实,《证券分析》告诉了我们足够多的东西,关键在于分析师和投资者如何应用。

1935年时,当时还在Loeb Rhodes⊜工作的我,向合伙人阿曼德·厄夫(Armand Erpf)申请加入数据分析(证券分析)部门,他告诉我只有能给公司带来业务的人才有机会获得这份工作,比如那些有着各种社会关系的富家子弟——那时的证券分析还不是业内主流,有关系远比有分析能力重要,没有关系在业内举步维艰。他给了我一个宝贵的建议:"去读一下新出版的

⊖ 经许可转载自《沃尔特·施洛斯的个人文集(1976)》。
⊜ 一家成立于1931年的证券经纪商,由卡尔·勒布(Carl M. Loeb)父子创立,后更名为"Carl M. Loeb & Co."。——译者注

《证券分析》吧，是一个叫格雷厄姆的人写的，"同时他还强调，"不必读其他东西了，这本书可以告诉你一切。"

除了读书，我还曾在纽约金融学院听过格雷厄姆的高级证券分析课程。

格雷厄姆是个好讲师，时刻充满热情又不乏严密的逻辑。他告诉大家要买入价格低于价值的证券，并以鲍德温机车公司（Baldwin Locomotive）的债券为例，演示了如何使用盈利能力及资产价值为其估值，进而通过与债券价格的比较做出投资决策，这样的观点我此前从未听到过。后来，我时常会猜测格雷厄姆的观点帮助大家赚了多少钱，要知道有很多像格斯·莱维（Gus Levy，曾任高盛集团高级合伙人）的优秀投行家都听过他的课程。

格雷厄姆还是个很慷慨的人，对年轻人尤其如此。当我在1945年年底复员的时候，他给了我一份证券分析师的工作，而这改变了我的一生。我知道，他帮助过的人还有很多。

在格雷厄姆的追悼会上，他的合作者戴维·多德（Dave Dodd）谈到了他是如何获得这个合作机会的：当接到哥伦比亚大学商学院的授课邀请时，格雷厄姆提出需要一位助手全程记录内容，年轻的讲师多德自愿申请承担这份工作，后来这些笔记经过整理，最终形成《证券分析》一书。多德教授作为合作者，一直为格雷厄姆所称赞，他还曾任职于格雷厄姆与纽曼在1936年共同成立的投资信托公司——格雷厄姆-纽曼公司（Graham-Newman Corporation），担任这家公司的董事，也成了一名非常优秀的投资者。

在投资中保持理性、不受恐惧与贪婪的情绪干扰是十分困难的，格雷厄姆之所以能很好地做到这点，在某种程度上是源于他对赚钱没什么贪婪的欲望——他曾亲身经历过惨痛的大萧条，相比于赚大钱，不亏钱对他而言更为重要。降低亏损的可能性是最好的办法，投资政府雇员保险公司（GEICO）就是个很好的例子。当时，我恰巧在格雷厄姆的办公室，通过电话听出他买入了 GEICO 50% 的股份，接着他转身对我说："沃尔特，就算这笔投资没赚钱，我们也可以随时清算公司来拿回本金。"

虽然这只股票的后续表现远超预期，但正应了那句俗话，"卖得好不如买的好"，格雷厄姆可谓是这方面的行家。

通过严格遵循预先设定的交易原则，格雷厄姆-纽曼基金取得了优异的业绩，虽然相比于如今的投资公司，1946 年 1 月 31 日 330 万美元的规模还是个很小的数字。

格雷厄姆有一条很重要的投资逻辑：在追求回报的同时把风险降到最低。说来有趣，如果你想了解 1947～1956 年的穆迪投资手册（Moody's Investment Manuals），其实看看格雷厄姆-纽曼基金的持仓就好了，虽然里面多是名不见经传的小公司，但都十分便宜。1946 年 1 月的基金年报精炼地提出了他们这一逻辑的两层含义：首先，在认真分析的基础上，买入价格低于价值（尤其是清算价值）的证券；其次，套利和对冲（以控制风险）。

我曾参与 1951 年第 3 版《证券分析》的编辑工作，该版附录中收录了格雷厄姆 1946 年发表在《分析师杂志》[⊖]上的一篇文章，里面提及了他的风险-回报公式，而这个公式在 37 年后的今天仍然有用。

1949 年，《聪明的投资者》问世，这本书用适合初学者的语言讲述证券分析并给予指导，时至今日仍在发行。

有一天，我遇到了一只很便宜的股票——卢肯斯钢铁公司（Lukens Steel Company），并建议格雷厄姆买了一些（我们本应该买更多）。

当天午饭时，有人向他推荐一只蓝筹股，被格雷厄姆拒绝了，理由是我们已经买了卢肯斯钢铁公司的股票。结果第二天，卢肯斯钢铁公司的股票价格直接涨到超出我们可以接受的买入价格上限，让我不得不怀疑这哥

[⊖] 《分析师杂志》（*The Analysts Journal*）为《金融分析师杂志》（*Financial Analysts Journal*）的曾用名。《金融分析师杂志》是 CFA 协会发行的专业刊物。自 1945 年以来，该杂志通过发表来自学者与从业人员的严谨的、经同行评审和实务相关的原创性研究成果，以提升行业对投资管理实践的认识与理解。——译者注

们儿是不是吃完饭回去就大量买入了。而格雷厄姆只不过是不想过于"粗鲁"地拒绝这个人推荐的蓝筹股,而且格雷厄姆并没有意识到自己话语的重要性。

他一直坚信大道至简,认为证券分析师不应该用比基础代数更复杂的工具辅助投资决策。

与此同时,他是一个有修养的多面手,他乐于探究新领域,不像其他同行在投资上投入大量的时间。20世纪30年代末的时候,他开始对粮食仓储感兴趣,还写了一本名叫《储备与稳定》(*Storage and Stability*)的书,提及一些大宗商品与金属可以当货币使用,在当时棉花6美分1磅⊖、其他原材料价格低廉的情形下,他的想法还是有道理的。尽管他的朋友伯纳德·巴鲁克(Bernard Baruch)鼎力支持,但这个想法并没能被国会接受,这条本可以帮助农民减少通胀损失的建议未能得到实施。

总的来说,我认为格雷厄姆生平最大的成就还是《证券分析》。

他是这个领域的开创者,值得我们每个人好好学习。

⊖ 1磅=0.454千克。——译者注

第一部分
THE REDISCOVERED BENJAMIN GRAHAM

金融的商业道德

他有着永不褪色的正直感。

——罗达·萨娜特（Rhoda Sarnat，格雷厄姆的侄女）

当格雷厄姆的系列文章《美国公司倒闭是否比经营更有价值》（共3篇）在《福布斯》杂志上发表时，美国以及全世界正在经历1929～1930年毁灭性的股市崩盘与大萧条。尽管这场危机持续了近10年，但格雷厄姆的文章已经告诉了人们在当时重拾股票投资是安全的：超过30%的纽约证券交易所挂牌公司的股价低于清算价值。在系列文章中，格雷厄姆质疑公司管理层是否为了一己私利而损害股东与投资者的利益。

格雷厄姆号召投资者重入股市，这在当时是需要勇气的，毕竟就连他自己的基金也在危机中跌去了50%。尽管38岁的他很年轻，但已经是一位备受尊敬的投资思想家和作者。在这一系列的文章中，他显露出大家金融复苏最需要的领导力。

这一部分的最后一篇文章摘自格雷厄姆告别职业投资生涯后于加利福尼亚州所做的演讲。正如文章所言，他从未失去对商业道德的追求。

| 第 1 章 |

美国公司倒闭是否比经营更有价值

格雷厄姆发表于《福布斯》杂志上的系列文章

仓廪丰实,股东泄气:公司是否在挤榨投资者[⊖]

这篇文章描述了美国金融与商业界令人惊讶却又广泛存在的重要情形,事关每个投资者的利益。

读一读下面的标题你就会知道,这一系列文章为何是最为及时且重要的。

文章的作者是哥伦比亚大学商学院教授,有着多年的商业、金融与股票的研究和投资经验,他将为你展示一系列令人惊讶的现状与结论,带你重新审视作为股东的权利与义务。

文章将要讲述的逻辑与事实皆在当下普遍存在,却又少受关注。《福布斯》有意坦白揭示这些股票与公司领域的不公平现状,以下是系列文章的第一篇。

半价出售美利坚

超过 1/3 的制造业股票正在以低于净速动资产的价格在公开市面上出售。

大量的普通股以低于公司账面现金的价格出售。

⊖ 《福布斯》1932 年 6 月 1 日刊,经授权许可转载。福布斯公司版权所有,1932 年。

信贷风险较低的公司根本无须借债，它们有着新时期股东提供的充足现金。

公司的财务主管安详熟睡，然而股东却疲于奔命。

银行不再直接给大公司发放贷款，而将钱借给那些高价购买股票而使标的公司过度融资的股东。

公司、管理层以及股东的责任究竟是什么？该如何走出这种困境？股东到底是公司的所有者还是被欺骗的对象？

是不是应该将1929年的思路反过来？让股东有权卖出股票、减少公司资本、平衡公司和股东间的负担？

如果预见到公司将经历长期亏损，以至于账上的现金都得在资本市场上折价，那么股东难道不需要在资金被浪费之前迅速清盘吗？

公司对它们的股东公平吗？

假设你是一家大型制造公司的主人，和同行一样，你将在1931年亏损，当时的情形非常糟糕，你个人也感到悲观并想要廉价出售公司。这时，有一位有意向的购买者向你询问公司的现状，你递给他一份很健康的资产负债表（见表1-1）。

表 1-1　　　　　　　　　　（单位：美元）

现金及政府债券	8 500 000
应收账款与商品存货	15 000 000
厂房与房产等	14 000 000
	37 500 000
减：流动负债	(1 300 000)
净值	36 200 000

这位购买者看过后，提出用500万美元购买全部资产，你会同意出售吗？说实话，这个问题很可笑，没有人会用价值850万美元的现金类资产去换500万美元，更不必说还有超过2800万美元的其他资产了。然而，就像这个例子一样荒谬，怀特汽车（White Motors）的股东以7美元多的股价

卖出了公司股票，干了件同样可笑的事情。

上面的那张资产负债表展示的就是上一年 12 月 31 日怀特汽车的财务状况。按照每股 7.37 美元的价格，公司的 65 万股股票以 480 万美元的价格挂牌出售，这相当于公司约 60% 的现金及现金等价物的价值，或约 1/5 的净速动资产价值。要知道，除了表中列出的一些应付类流动负债，公司没有其余任何债务负担。

一家老牌大型企业以如此低的价格被出售，可谓奇观。

事实上，大量的股票都在以低于公司库存现金或速动资产价值的价格出售，甚至都不必计算流动性更差的厂房等固定资产价值。也就是说，大量的美国公司在以低于清算价值的价格出售，换句话说，华尔街的分析师觉得这些公司倒闭比经营更值钱。

一般情况下，制造业公司的清算价值至少等于账面资产的价值：就算厂房等固定资产难以变现、无法按账面价值计量，应收账款及商品存货低于账面值的变现价值也应该能将固定资产缩水的部分补足。如果这个假设不能成立，那只能说是会计计量出了问题。

哥伦比亚大学商学院的一项研究表明，在 600 家纽约证券交易所的制造业上市公司中，超过 200 家（近 1/3）的股价都低于净速动资产价值，超过 50 家的股价低于公司现金与可交易证券的价值，表 1-2 展示了这种极端的情况。

表 1-2　部分股价低于现金价值的公司（1932 年）

（单位：1 000 美元）

公司	最低股价	最低市值	现金与可交易证券价值	资产减全部负债所得价值	每股现金价值	每股净速动资产价值
Am. Car & Fdry①	20.25	9 225	14 950	32 341	50.00	108.00
Am. Locomotive①	30.25	14 709	14 829	22 630	41.00	63.00
Am. Steel Foun.①	60.00	8 021	8 046	11 720	128.00	186.00
Am. Woolen①	15.25	8 354	14 603	40 769	30.50	85.00

(续)

公司	最低股价	最低市值	现金与可交易证券价值	资产减全部负债所得价值	每股现金价值	每股净速动资产价值
Congoleum	7.00	10 078	10 802	16 288	7.00	12.00
Howe Sound	6.00	2 886	4 910	5 254	10.00	11.00
Hudson Motors	4.13	6 377	8 462	10 712	5.50	7.00
Hupp Motors	2.00	2 664	7 236	10 000	5.50	7.50
Lima Locomotive	8.50	1 581	3 620	6 772	19.00	36.00
Magma Copper	4.50	1 836	3 771	4 825	9.00	12.00
Marlin Rockwell	7.50	2 520	3 834	4 310	11.50	13.00
Motor Products	13.00	2 457	2 950	3 615	15.50	19.00
Munsingwear	10.88	1 805	2 888	5 769	17.00	34.00
Nash Motors	10.00	27 000	36 560	37 076	13.50	14.00
N. Y. Air Brake	4.50	1 170	1 474	2 367	5.00	9.00
Opp'hm Collins	5.00	1 050	2 016	3 150	9.50	15.00
Reo Motors	1.50	2 716	5 321	10 332	3.00	5.50
S. O. of Kansas	7.00	2 240	2 760	4 477	8.50	14.00
Stewart Warner	2.38	3 023	4 648	8 303	3.50	7.00
White Motors	7.75	4 938	8 620	22 167	13.00	34.00

① 代表优先股。

这种情况意味着什么？有经验的金融人士一定会说，是因为牛市崩盘让股价变得异常低，正如纽约证券交易所主席所说："这时候美国人民都被吓跑了。"

换句话说，敢买股票的没钱，有钱的不敢买。这种景象是不是在这轮牛市前的1921年出现过？

但事实并非如此。在第一次世界大战后的那次萧条中，股价虽然低迷，但是仅有极少数能低到低于净速动资产的价值，更没有一家低过现金资产价值。

对比一下主要公司在两次危机中的表现，结果会更令人不解：1931年的经营状况并没有比1921年更糟，为什么10年前的价格至少还是营运资本的两倍，而今天就只有营运资本的一半？若将现金资产价值作为判断标准，那么1931年的股价比1921年低了足足6倍。

所以我们得承认，本次危机是史无前例的，与以往任何一次熊市都不一样。但此次危机又充满了讽刺，因为就在1928～1929年的时候，被称作"新时期"（New Era）的市场中还弥漫着疯狂，美国人民和金融市场在一年内的反差值得深思却又令人不解。

这一现象有两个看似合理的解释：首先，好股票就是好投资；其次，价值由盈利能力决定。但市场被扭曲了，疯狂的市场将投资者都变成了投机者，上市公司富得流油但股东穷得可怜，支持实业的商业贷款被投机性的"华尔街贷款"取代，会计政策和准则混乱无序。这种扭曲在很大程度上是造成当下困境的原因。

股价大幅低于营运资本的背后有着诸多因素，本文剩余部分将就此展开分析，其他方面的问题会在后续文章中讨论。

前两年股东通过行使认购权向公司注入大量资金，是造成当前股价与资产价值偏离的重要原因。1928～1929年的此种行为造成了两个相反的后果：一方面，公司得到注资确实有利于改善现金状况；另一方面，公司由此多发的股票却增加了股数，形成了股价下跌的压力。也就是说，股东的注资造成了公司价值提升和股价下跌的双重后果。

我们不禁会想，如果在1928～1929年的疯狂牛市中，股东没有失去理智，依然审视公司的资产负债表，如今的"股灾"是否就不会如此具有毁灭性？这一年来，抛售更多是因为恐慌的情绪，如果投资者知道当前的抛售价格远低于流动资产价值，当年是不是就不会那么疯狂了？

价值并不是只和盈利能力有关，股东并不应该忽视公司仍然持有的东西，尤其是银行账户中的现金资产。至于固定资产，传统的投资者确实对账面价值过于看重，对地产等的公允价值不够重视，但在后者展现出盈利能力之前，仅按照账面价值进行评估仍然更靠谱。不得不说，投资者在华尔街的鼓吹下走得太偏了——他们太过在意盈利的表面数字，忽略了其中可能是暂时的甚至是虚假的部分，却近乎无视价值分析中有决定意义的营运资本。

在华尔街的逻辑中，上市公司和实体企业似乎有着完全不同的估值逻辑：市场形势好的时候，股价异常得高；但在形势低迷的时候，资产又变得一文不值。

除了资金注入、投资者过分重视盈利能力，对公司未来潜在亏损的担忧是第三个原因。很多读者可能也会强调，很多公司未来不再有什么"盈利能力"，有的只是"亏损能力"，在这种预期下，大家自然不会关心营运资本值多少钱，因为经营中都是要赔钱的。按这种逻辑，我们是不是可以说当前近 1/3 的美国公司注定要一直亏钱，直到把股东亏到血本无归？

不管怎么说这都是错的，就像大家在预测未来的时候总是错的一样，华尔街的逻辑经常自相矛盾很可笑——他们可以一方面因为卡车要抢走火车的生意而不看好铁路交通，另一方面又对卡车行业很失望以至于卖掉其大部分的股份来换取一点点流动性。

不过，即使在繁荣时期也无法诸事皆成，现如今这种低迷期失败的案例自然更多，境况不佳的企业存活困难。因此，从个别案例看来市场行将崩溃的预言会被证实。然而即便如此，以极度低廉的价格卖掉股份仍然是个基本错误。

如果一笔生意注定要赔钱，为什么不立刻停手？如果一家公司已经没什么前途，以至于持续经营价值还不如清算价值，为什么还要继续经营下去？

企业主因为担心钱会被无谓花掉，所以着急把它卖掉，其实有比这更好的办法。让我们回到本文开头的怀特汽车和个体厂主的例子。

无论怀特汽车是不是比银行账户上的现金更值钱，这件事的道理都很简单：如果它更值钱，以比账面现金还少的价钱卖掉自然很愚蠢；如果它没有更值钱，那清算的时候也是现金价值加上或多或少的资产价值——怎样都不会低于账面现金。

显然，股东已经忘了翻阅资产负债表，也忘了他们其实是企业的主人而不仅仅是股票代码的主人。成千上万的美国股东在每日的股票交易价格上花了太多精力，现在是时候作为所有者好好关注拥有的企业了，毕竟这关乎自己的切身利益。

股东当然应该委托董事或者职业经理人来管理企业，但公司的现金是否应该被浪费掉，或是否应该闲置在账面上，则需要自己决定——这不是管理问题，而是所有权问题，管理层的意见再重要也不是决定性的。

投资者不只需要关注资产负债表，更重要的是有所有者意识，那样的话就不会出现企业账面现金充裕而股东却急着出让自己的权益这种现象了。或许最后由企业出钱从他们手里买回了这些股票，讽刺的是，它们用自己所有的账面现金付给自己的价格却低得可怜。

> 仿佛一位理发师在招牌上写着：
> 我们免费理发，还请你喝一杯，如何？

这就像是当前股票卖家的座右铭，免费甚至还亏本赠送企业的存货、应收账款以及房地产、建筑物、设备等固定资产。

这种笑话还能讲出不少，但更重要的是把该类现状直观地展示给股东、管理层和银行家。关于这些内容，我们将在后续章节中讨论。

富有的公司应该把现金返还股东吗[⊖]

在第一篇文章中我们曾提及，目前许多公司的现金与其股票价格之间的偏差源于大量增发股票，将股东口袋里的钱转移到公司的账户中。根据纽约证券交易所的数据，1926～1930年，上市公司以此类方式吸收的资金

⊖ 《福布斯》1932年6月15日刊，经授权许可转载。福布斯公司版权所有，1932年。

总额不少于 50 亿美元。

在此期间公开发售的公司证券超过 290 亿美元，其中一小部分可能转交个人，但主要部分都是支付给企业，投资于固定资产或营运资金。同时，大量的剩余资金也以未分配利润的形式积累着。在现金大量涌入之后，就算有的被花掉、损失掉或用于支付股息，企业的资金仍然处于膨胀状态。

但那些提供大量资金的人呢？那些购买新股或参与增发的投资者又如何？他们今天没有财富，也没有过多闲置资金。他们被剥夺了现金以丰富公司的财产；他们大量借贷，以便这些公司可以偿还债务。

奇怪的是，这些富有的公司的主人本身却很穷——股东被经济问题压得喘不过气，而他们拥有的公司却现金充盈；财务主管在晚上可以安然入睡，而股东却疲于奔命。

股票确实代表了股东对公司现金的所有权，但这对股东并没什么用：他既不能向银行贷款，也不能质押股票融资；如果想卖掉股票，必须关注市场行情的变化；如果跑去向公司索要名义上由他所有的现金，估计只会换回一个怜悯的微笑；又或者公司很慷慨地愿意回购这些股票，但以当前市价计算，价格只是公允价值的一小部分。

同时，当下资金从公众手中大量转移到公司，不仅给股东带来了麻烦，而且严重伤害了国家的银行系统。一直以来，商业贷款都是信贷系统的核心与支柱，证券贷款相对次要。但近年来，商业贷款渐冷，证券贷款火热。银行不再向大公司直接放贷，而被迫向公众发放股票抵押贷款，或用自有资金购买证券，这一变化可以从联邦储备系统报告成员银行的对比变化中清楚看到（见表 1-3）。

表 1-3 银行信贷结构的变化（1920～1932 年）（单位：百万美元）

	商业贷款	证券贷款	总计
1920 年 10 月	9 741	7 451	17 192
1932 年 5 月	6 779	12 498	19 277

这种结构变化，于股东而言可谓灾难，于银行而言又十分尴尬。原本最安全的商业贷款被最糟糕的证券抵押贷款所替代，贷款的安全性以及偿付能力不再依赖于公司的财务质量，而是取决于股票市场的行情。

于是股东处于一种荒唐的状况下：他们的股票价值可能只有1000万美元，正常情况下最多可以贷款800万美元，但现在公司不仅账上躺着1500万美元，还可以凭借大量速动资产再贷款；股东不仅可以把这1500万美元取走，还可以再向银行贷款500万美元，同时自己的股权不变，也不影响公司经营。但与此同时，银行以往给这些公司每股10美元借款都要犹豫，现在却能用充裕的贷款资金把它们喂到支付每股15美元股息的程度。

但股东仍旧可怜，公司拥有大量现金和信贷资源，他们却一丁点儿也取不出来。这是股东在经济繁荣时期对其公司过分慷慨的结果，同时也是公司对其股东过分吝啬的结果。此时，银行看起来像是公司的同伙，但事实上它们也是受害者，受到了被扭曲的信贷体系的影响，毕竟它们理应将商业贷款放在首位。

那么当下都是谁在借钱呢？记录良好的大公司显然不需要，它们可以从股东那里筹集足够的资金。剩下三类借款人：①小型或私营企业，优劣参半；②大型工业企业，即使在繁荣期末也有不良记录；③铁路和公用事业企业，需要长期融资来应对各类短期开支，这一点对各类出资方来说都挺麻烦。

所以不得不承认，证券抵押贷款取代商业贷款对银行系统和股东都是不利的，那么对于这种情况有补救措施吗？当然有，而且非常简单：让公司向其股东返还正常业务所不需要的多余现金。

首先，个人股东将受益，返还的资金可以满足其短期需求或按照其认为合适的方式配置；其次，相关股票的价格将会上涨，因为公众充分了解了当今美国商业背后的巨大现金价值；最后，银行系统的信贷结构将得到改善，使商业贷款（特别是当业务再次扩张时）占更大比例，并容许偿还一定数量的证券抵押贷款。

应如何实现这种现金返还？最好是较现状反其道而行之，让公司给予股东约定比例和价格的卖出权证，而不是买入权证。行权价应高于当前股价，但低于每股净速动资产，因而远远低于账面价值。从公司角度来看，这种折价回购将带来盈余和每股净速动资产的增加。

部分公司已经在这样做了，先行者之一是西姆斯石油公司（Simms Petroleum）。最近，汉密尔顿羊毛公司也提出以平均65美元的价格回购1/6的外部流通股，金额约等于其净速动资产且远高于市价，相当于股东在1929年投入资金的一大部分。

其他公司以特别股息的形式将剩余现金返还给股东，而不选择回购股票：无敌汽车公司（Peerless Motors）是一个很好的例子；另一个例子则是欧雷卡真空清洁器公司（Eureka Vacuum Cleaner），该公司在采取行动的同时，还发表声明建议其他公司采取类似行动，以帮助缓解经济萧条；以标准石油（Standard Oil）管道公司和部分新英格兰钢厂为代表的企业则通过降低股票面值来将剩余现金返还给股东。

所有这些方法都达到了同样的目的，它们之间的差别在很大程度上只是技术性的。我们更推荐按比例回购股份，这在大多数情况下比降低票面价值更实际，而且与直接的额外股息相比，会计处理也更方便；更为直接的认沽权证也在投资逻辑层面有更强的吸引力。

不少企业已经在采用该方式回购股票了，原本存在于企业的资金正在向股东转移。这种方式有利于提高股价，对卖出股票的人有好处；同时，低价回购股票对现有股东来说也是好事。应该说，使用多余资金回购股票的公司，还是要比死守着账面现金不放的同行强多了。不过一旦回购的价格略高，就会有反对的声音出现。董事们就会受到批评，而那些从中受益的人则不再对他们或公司感兴趣。为了避免这种情形，企业只会在股价极低的时候做出回购决策，以洗去侵害股东利益的嫌疑。

与不少现金充裕的公司一样，本迪克斯飞机公司（Bendix Aviation Company）最近派发了股息，同时宣布其大规模回购意图。其他现金充裕的公司也采取了同样的政策，不过一般而言，它们甚至都没有透露购买股票的计划。按道理说，公开宣布回购有可能对现有股东不公平，企业在现金充裕时应致力于维持分红稳定，即在繁荣期积累利润，以保证萧条期派息的稳定性。所以当期盈利不佳并不是停止分红的理由，不分红却去低价回购就更是不当行为了。这也是为什么我们不认为公开回购是将资金返还股东的最好办法，因为一方面会损害现有股东的利益，另一方面也有可能掩盖管理层的不当行为。

　　这个分析帮我们搞清楚了一点，即作者为什么不认为公开市场买卖股票是将现金返还股东的最好方法：股票回购涉及卖出者和持股人之间的利益冲突，且无助于发现管理层采用的不公平手段。

　　参考表1-2，审视一下股价低于每股净资产的公司，就能发现不少现金过度持有的案例。此时若股东向管理层施压，就有可能获得现金返还，这将同时有利于他们自己、证券市场和银行系统。想做到这一点，股东需要先搞清楚公司账上的剩余资金是多少，也就是必须看看资产负债表——近年来在一些财务人士的呼吁下，投资者重视盈利过了头，资产价值显得一文不值，这种极端情况带来了灾难性的后果。

　　新时代及当时对蓝筹股的痴狂都源自对盈利的过度重视。比如说，利润仅从4美元增加至5美元，股价就能从40美元涨到75美元，且投资者狂热地认为增长趋势已明确，因而15倍而非10倍的估值倍数也是合理的。在情绪的驱动下，人们的投资决策变得异常武断，无异于打着投资的名号进行赌博。当投资都如此这般变为投机的时候，1928～1929年的疯狂和后来史无前例的崩盘也就不可避免了。

　　重视盈利而轻视资产造成了一些荒唐而可笑的财务现象。比如，将固定资产（一次性）减记到1美元，从而减少未来的折旧费用，以增加报表利润。背后的道理很简单，通过降低资产价值，提升未来的"盈利能力"以做大市值。毕竟没人关注资产，这样来一个财务版的《爱丽丝梦游仙境》也没什么大不了的。

但要知道，上一代人在重视资产价值的时候，会不择手段地虚增固定资产的账面价值来做高股价，与当前刚好相反。说白了，手段虽不同（无论是资产注水还是盈利注水），目的却一致——欺骗投资者。

由于投资者和投机者对盈利的严重迷信，仅是纯粹由于会计处理的差异，就可能导致市场价格的巨大差异和波动。纯粹的欺骗不胜枚举，当然也不容忽视。

再比如，有家纽约证券交易所挂牌的上市公司，直接调增商誉、通过增量来虚增当期利润，都没有提供细节解释。管理层虽然猖狂，但他们显然知道没有股东会花时间查阅公司的资产负债表，更不必说发现他们迷惑性的障眼法。

更有甚者，在并购重组中对资产的轻视到了令人匪夷所思的程度。债权人无法通过现金的方式收到还款，股东原本拥有的现金所有权也稀里糊涂地没了。

举个例子，菲斯克橡胶公司有每股1000美元的债务需要偿还，账上躺着400美元现金和900美元净速动资产，以及大量的厂房设备等资产。然而，重组方压根没给债权人现金，而是用新公司的股份代替。

类似地，普莱瑞管道公司拥有每股12美元的现金等价物，一通重组操作后，股东被换成了一家新公司的所有者，但账上没了现金，新公司市值还不到原公司现金价值的一半。

我们认为，这些荒唐现象背后的原因在于，股东并没有认识到他们与非上市企业的合伙人有同样的法律地位和权利，华尔街的繁荣泡沫掩盖了这个简单的道理。假若数以百万计的投资者能觉察到这一点，必然能在公司治理和价值判断上前进一大步。

是否应该将公司关门清算[一]

首先有个问题，股票市场和公司管理层究竟谁是对的？

当下公司和股东心态失衡的一个原因可能是清算的问题，即许多股价低于公司现金价值，换句话说市场预期公司经营下去会消耗现金而不是赚取现金。如果这是事实，股东不应该在现金被消耗完之前将公司清算吗？但显然管理层会不同意，那么到底双方谁是正确的？

下面我将要奉上格雷厄姆先生系列文章的第三篇，也是最后一篇，该文章论述的正是这个问题。

在目前的市场中，超过 1/3 的公司股价低于净速动资产，大量的公司股价低于可支配现金。对于这一情形，我们在前面已提出了三种可能的原因：①对事实的忽视；②被迫卖出却无力买入；③由于担心资金被消耗而不愿意购买。

前面两篇文章讨论了前两点，但依然不能充分解释当前的市场情形。

如果可以无条件地用 50 美分兑换 1 美元，投资者估计会蜂拥而至。现在其实就是这个状态，但是附加了条件。账上的现金名义上属于股东，而股东却什么也做不了，只能看着这些资产不断减少甚至消失，也正因为如此，股东才会拒绝按照账面价值评估公司价值。

这时不免有读者会不耐烦："为什么要在公司没打算清算的时候讨论清算价值？股东对账面现金的兴趣理应与对固定资产的兴趣一样：如果公司被清算，股东自然会得到现金；如果公司保持盈利，固定资产价值就会超过账面值。"

这个问题说得很对，但上述问题很好解释。股东无权让公司盈利，但

[一] 《福布斯》1932 年 7 月 1 日刊，经授权许可转载。福布斯公司版权所有，1932 年。

有权让公司清算,这一关键问题背后存在着股东和管理层的冲突。那么简单地问,到底是谁错了?这些低价到底是非理性恐慌的结果还是传递着股东的清算诉求?

目前这个问题的话语权在管理层手里,但这似乎是不合理的,毕竟领取薪水的职业经理人与公司股东可能存在严重的代理问题。举例来说,如果你有一家经营状况糟糕的杂货店,你会让经理人来决定要不要关门吗?尤其是在经理人的判断受市场严重影响的时候。

股东的无奈源于两个重要的认知:一是董事对证券市场价格没责任也没兴趣;二是外部股东往往对公司业务不了解,因而其观点也不会被经理人所考量。这两点成功地让董事和股东闭上了嘴,管理层不再需要为让公司继续经营而浪费口舌。

董事不关心股票价格,管理层同样不用对股价波动负责,但其实他们应该认识到他们有责任保护股东免受股价过低的损害,因为那样也可以让他们自己免遭一些本可避免的资产损失的责任。如果真是这样,当下股价与清算价值之间的荒唐关系也就不存在了,董事会和股东应该意识到,股票的真实价值不应该低于净速资产价值所代表的可实现价值,若低了就应该关门清算。

董事会不应袖手旁观,而应通过以下行动应对股价非理性下跌:首先,尽力保证分红,数额至少应补齐股票内在价值的下限,在财务健康的情况下,应当积极地提取累计盈余;其次,应该让股东对公司价值有信心,让其明白公司的清算价值是高于市价的;再次,以合理价格将多余的现金返还股东,如我们前面所述;最后,仔细研究经营现状,确保公司可实现价值不会遭受重大损害,如果未来真的存在经营风险,便应当认真考虑是否清算公司。

然而当下不管管理层如何标榜其合理性,没什么迹象表明他们做到了上述内容。对于个人所有的企业,退出经营再正常不过,但对于分散持股的上市公司来说，公司管理层提出解散、清算公司是很少见的事情。乔希·布林斯（Josh Billings）怀着炽热的爱国热情，时刻准备用尽妻子的所有关系来捍卫国家。有些管理层跟他一样，就算把股东的最后一分钱花光也要坚持运营企业到最后一分钟，而不是清算公司、归还剩余的净资产给股东。

管理层由董事会选出，董事会代表股东，在必要情形下董事会向管理层提出反对意见本是再合理不过的，但在现实中很少见，其原因可以从任意一份董事会报告中读出：①职业经理人首先在意自己的利益，其次才是股东；②投资银行家首先在意股票承销收益；③商业银行家首先在意贷款发行和保护；④其他和公司有往来的人少得可怜；⑤董事会虽然关心股东的利益，但经常陷于同管理层的个人感情之中，管理层经常也就是通过这种个人关系得以上任，这一点从我自己担任董事的经历中也能得以证明。

所以清算对于股东来说很特别，在大多数情况下股东需要通过董事会提出这种诉求，而不是他们独立地进行判断。应该说，此时搞明白这个问题很重要：

> 股价长期低于公司清算价值，是否意味着关门清算是更好的选择？

请注意我没有暗示清算是更优的选择，而是想给股东提出这个问题，让大家重视。

股东应该用更开放的心态来思考这个问题，结合事实和自己的判断做出决策。其实，在大多数情况下，清算是没有道理的，企业持续经营的价值在正常的经济形势下远大于清算价值，所以承受短期损失坚挺过萧条期是更明智的选择。

将企业关停清算而不是渡过难关，可能更有利于企业主。但对整个宏观经济而言，或许意味着更严重的通货紧缩？意味着更糟糕的失业状况和购买力萎缩？意味着其实最终损害股东的自身利益？

看上去是这样，但事实上继续经营境况不佳的企业对宏观经济有百害而无一利——它们会令供给过剩，令竞争格局和行业利润更糟，反倒是清算会带来一场行业的供给侧改革，留下更优质的公司以更合理的成本与价格进行产出，就像棉花行业所发生的一样。

要知道，需求并不会因为供给的调整而收缩，生产在供给侧的转移也不会缩小总的就业规模。当然，从个人角度来看，行业洗牌会令一些员工承受一定的痛苦，但我们的经济原则不允许为了就业而牺牲股东利益。

应该说，我们并没有得到一条明确的渡过萧条的路径，但毫无疑问办法是存在的，股东有很多的选择但真正做出的决策很少。换一个新的角度观察与思考，可能会为丧失信心的股东注入新的动力。

| 第 2 章 |

美国资本主义的伦理[一]

三个主要观点：

1. 美国资本主义的机制发生了巨大变化，不仅仅是在经济层面，也包括伦理层面。

2. 这些以反复实践而非哲学思考做出的改变遭到了商人的反对，新的体系可能在选举中体现出来了，艾森豪威尔在总统选举中胜出，而民主党控制了国会。

3. 经济的持续繁荣依赖于三点：美国经济增长充满活力，政府承担监督控制与保证就业的责任，政府承担伦理及福利的责任。或许在伦理层面上，我们能找到比纯粹的经济因素更有利的驱动力。

我最近看到两本书名类似的书：肯尼斯·加尔布雷思（Kenneth Galbraith）的《大崩盘》（*The Great Crash*）和艾伦（F. L. Allen）的《大转折》（*The Big Change*），前者描述了经济的大衰退，后者则描述了社会各领域的诸多进步。其实它们并不矛盾，美国资本主义的发展无疑加速了，也许正是这个原因诱发了大萧条。

1929 年触顶的美国资本主义有几个特点：

[一] 格雷厄姆的讲演稿，1956 年 11 月 10 日于加州大学洛杉矶分校克莱默营地。

1. 自由放任。只要不触犯法律，一切均以商业利润为出发点。

2. 以巨头为核心。商业巨头获取了大量的财富，甚至是政治与社会地位。

3. 个人慈善。类似于廉价住宅的所谓福利，事实上既未提供真正的福利也不是慈善。

4. 上述三点的负面效果是：政府在经济和社会福利方面作用甚微，除了教育领域以外。

截至目前，当中的许多已经发生了改变，尤其是从大萧条时候开始，当然也可以说从胡佛总统的金融企业重组计划开始。

目前，诸如劳动法案、租赁控制、证券交易委员会新规、公用事业控制以及加重的税率开始对自由放任进行限制。

与此同时，核心巨头消失了，虽然仍然有类似泽肯多夫（William Zeckendorf）、沃尔夫森（Wolfson）等这类大人物，但其影响力已经被限制在了有限的专业领域，与曾经的巨头 J. P. 摩根不能相比。

人们的福利与社保已经被纳入了联邦政府的责任范围，需要通过加大的税收来支持。

最后，政府更多地干预经济，也承担了更多的责任。人们期待政府可以帮扶困境中的企业，就像斯利克特（S. H. Slichter）所说，"自由的企业已经转为政府指引"。

大部分这类变化是不受商人欢迎的，或是因为影响到了他们的经济利益，又或是对其权力受限的不满。这似乎有一些与资本主义不符，哈耶克在《通往奴役之路》（*The Road to Serfdom*）中有所阐述，他声称政府权力的增加让美国远离了资本主义。艾伦对此表示反对，他还是认为我们发展了不同的内容。㊀

我认为这种对资本主义的敌视，很大程度归咎于罗斯福总统。罗斯福在历史上的地位是一个有趣的话题，我认为他对靠什么保留美国化的生存方式有自己鲜明但并不理性的理解，似乎资本主义在他心里是敌人。然而，

㊀ 格雷厄姆在此处引用了艾伦的话，但演讲稿中的引文遗失了。

无论他是否将其当作敌人，他鲜明但不理性的策略拯救了美国资本主义。

我在艾森豪威尔的政见中能看到罗斯福的影子，但他对资本主义没那么有敌意。有人觉得是因为艾森豪威尔的个人魅力太大了，就像他赢了选举而其所在政党却输给了国会。不过我不这么认为，其实公众大多数接受了发生变化的资本主义，包括新的伦理和责任。

艾森豪威尔的胜出说明当总统不一定要对企业有敌意，而民主党在国会中的胜利正说明大多数人是支持1933年新经济改革的，甚至觉得如果是共和党执政大家都不会这样有安全感。

最后这一点让我产生了一个观点，刚好呼应本章的主题——从政策立场来看，"良好的伦理就是优质的经济学"。毫无疑问，这也适用于具体的企业。

让我们从1933年以来商人经济地位的狭义角度来看这个问题。在大部分时间里，他们发现自己受到迫害，被各类法规拷上手铐，被官僚体系各种束缚，还承担着难以置信的高税率。然而，他们却存活了下来，不仅仅是存活，而且还更有生命力。这个看似矛盾的现象意味着什么？

有些疯狂的人可能会觉得，经济的繁荣实际上源于战争——第二次世界大战、朝鲜战争和冷战等，尽管新政在努力地约束。

我个人的观点更乐观，政府已经找准了福利点，包括各类社保和失业保险——这要比减税有效得多，毕竟拮据人群生活的改善及购买力水平的提高对经济最为有益。㊀

我们现在似乎离资本主义的自由放任有些遥远，就是出自亚当·斯密的"看不见的手"等概念——市场自动引导社会生产所需产品，并引导每个人做出对社会最有利的结果。这个观点有其合理性，但是也没有那么完美无缺，当下德鲁克的观点是个很好的补充：

> 只有当一项政策于社会有益时，才能于企业有益。

㊀ 又一段艾伦的引言从演讲稿中消失了。

| 第二部分 |

THE REDISCOVERED BENJAMIN GRAHAM

股票和市场

即使手握优质标的，投资者也应当明白股价是会波动的，所以不应该因价格下跌而焦虑，或因价格上涨而过分喜悦。股票的交易没什么门槛，这一点可以被利用，也可以被忽略。

——《聪明的投资者》，1959年第3版

格雷厄姆一直告诫投资者不要关心股市波动，因为只有公司的内在价值在长期决定着股价。事实上，他花了大量的时间思考股价变动，这一困扰华尔街的谜团：是什么促使价值被低估的股票突然之间价格上涨？到底什么是投机，以及何时的投机是可以被接受的？格雷厄姆在坚持他的基本理念的同时，思维并不像许多人认为的那样受到局限，这一点可能会让部分读者惊讶。正如本部分中的文章所示，他终生都在提问和探索新的思想。在这一部分中最有趣的是第5章《价值的复兴》，该文发表于1974年。在他的生涯中，格雷厄姆第二次宣布熊市触底，大量的廉价股票可供有勇气的投资者购买。当该文在《巴伦周刊》上发表时，激发了市场的反弹，也使那些听从其建议的人获利颇丰。

| 第3章 |

新型股票投机[一]

格雷厄姆在金融分析师协会股票市场午餐会上的讲话，1958年

我让哈特利·史密斯（Hartley Smith）向大家介绍我时，着重强调一下我已步入老年。我所讲的话会反映出我在华尔街度过的漫长岁月，与之相随的是丰富的经验。新的经济环境通常会对经验本身提出挑战，毕竟经济学、金融学以及证券分析与其他实践性学科最大的区别就在于"基于过去分析未来的有效性是不确定的"。然而，我们在对过去进行了研究并理解了它们之前，并无权怀疑它们。我今天的演讲正是想要指出，我们如今对股票投资和投机的根本态度是与过去相关的。

我在做论文总结的时候发现，过去的股票投机几乎纯粹局限于公司本身，它们由不确定性、波动性、产业衰落或是公司自身因素所引起。这些投机因素仍然存在，但在我将提到的许多形势的长期发展之下已经被削弱不少。不过相应地，一种新的投机被引入，它源自大众投资者，且得到了证券分析师的认同。简单来说就是：将重点放在对未来的预测上。

对一只股票进行评价和定价本就应该建立在对未来的预测基础之上，这听起来很合逻辑，但我想说这是有问题的。

第一，对未来的预测本身并不是投资和投机的区别。"投机"一词源自

[一] 摘自《分析师杂志》1958年6月刊，复洛茨维尔，金融分析师联合会，已获准重印。

拉丁文"specula",原意是守望处,也就是说投机者从高耸的守望处向前眺望,在他人之前看到未来的发展。但如今,如果投资者眼光长远或听取建议,同样可以在高处与投机者肩并肩。

第二,投资和投机的标的可能重合。投资者所偏好的优质(高信用等级)公司也同样更能吸引投机者的兴趣,因为大家都认为它们有光明的前景。

第三,未来预测(尤其是持续的高增长)需要运用复杂的数学公式以确定现值。但精确的公式和极不精确的假设相结合,应用于某一焦点下的股票,事实上可以得出各种不切实际的高价值。矛盾的是,投资者有时候也会明白没有什么精确的价值能被计算出来,尤其是对一家成长型公司而言。于是市场有时会将增长率变量设定在一个格外低的水平上。

回到新旧股票投机的问题上,我们可以用两个略显古怪但很直观的词语来区分它们——内生的和外生的。美国罐头公司(American Can)和宾州铁路(Pennsylvania Railroad)在1912～1913年的一些数据可以给出很好的解释(见《证券分析》,1940年版本,第2～3页)。

3年内,宾州铁路的股价在53～65美元波动,平均市盈率在12.2～15倍,每年稳定地支付3美元的股息,投资者也确信它50美元左右的每股面值有真实的资产支撑。与之形成对比的是,美国罐头的股价在9～47美元波动,每股收益则在0.07～8.86美元,平均市盈率在1.9～10倍,而公司根本不支付股利,经验丰富的投资者很清楚公司100美元的每股面值除了未被发现的"水分"以外不代表任何东西,因为优先股总额已经超过了其真实资产。

不难看出,美国罐头是一只典型的投机性股票,因为公司那时是由投机性资本投资的,所处行业波动而不稳定。事实上,美国罐头拥有比宾州铁路更光明的前景。然而,不但那时的投资者和投机者没有预料到这一事实,而且即使他们预见到了,也可能忽略这一因素。因为在1911～1913

年，这一因素被认为与投资基本不相关。

现在，为了说明长期前景对投资者的重要性在过去一段时间的发展，我想用最为引人注目的 IBM 的例子，1957 年它已跻身 10 亿美元销售额企业的阵营之中。

为了避免只摆出枯燥的数据，我希望通过一两段个人经历来表达我的观点。1912 年，我离开学校一个学期，主持美国运通公司的一个研究项目——计算快运费用的技术革新系统对收入所产生的影响。我们使用了名为霍尔瑞斯（Hollerith）的机器，是从 CTR 公司（Computing-Tabulating-Recording Co.）租用的。这种机器将打孔机、卡片分类机和制表机合为一体。那时企业界还不知道这种机器，它主要被应用于人口统计局。我在 1914 年进入华尔街，第二年 CTR 公司的债券和股票就被列入了纽约证券交易所的目录。

我对那家企业很感兴趣，加上我是曾见过并使用过该产品的为数不多的金融工作者之一，我认为自己在某种意义上也算是其产品的技术专家了。于是 1916 年年初，我去见公司的领导 A. N. 先生（Mr. A. N.）并向他指出：CTR 公司的股价为 45 美元左右（105 000 股），1915 年其收入为 6.5 美元/股，它的账面价值（肯定会有一些不可分割的无形资产）是 130 美元/股，它在一开始的分红就有 3 美元，总之我对这家公司的产品和前景的评价相当高。领导满脸无奈地看着我："本，"他说，"不要再跟我提这家公司了，我根本不会碰它——这家公司年息 6% 的债券才以 81 美元的价格出售，而且表现极差，它的股票又能有什么作为呢？如今人尽皆知，除了水分，这家公司其实什么都没有。"⊖

我回到自己统计员的工位上，觉得增长了一点阅历。领导不仅经验丰

⊖ 这在当时是最极端的批评方式，意思是表内资产纯粹是虚构的。例如著名的美国钢铁公司，虽然其股票面值达 100 美元，但"除了水分其实什么都没有"——这在该企业的一份公告中已经被披露了。正因为除了盈利能力和未来前景以外没什么可支持股价的，所以没有一个谨慎的投资者会考虑这些公司。

富、事业成功，而且极为精明。我对他对于 CTR 公司鲜明的悲观印象是如此深刻，以至于后来在我整个人生中都没买它一股，即使在它 1926 年改名为 IBM 以后也一样。

现在，让我们看一下 1926 年后改了名字的这家公司。1926 年是股市相当活跃的一年，该公司第一次在其资产负债表上披露了商誉，数额达到 1360 万美元之多——领导是正确的，公司的资产在 1915 年的确除了水分什么都没有。

然而从那以后，在沃森（T. L. Watson）的带领下，该公司创造了骄人的纪录。其净资产从 69.1 万美元增长超过 5 倍至 370 万美元，如果以 11 年作为一个期间，那么这一时期的增长幅度比以后任何一个期间都大。它为其股票建立起可观的真实资产，并将每股分拆成 3.6 股。公司为其新股票提供的股息为每股 3 美元，同时盈利为每股 6.39 美元。

可以想到，在 1926 年的股市中，具有这种高增长和稳固商业地位的公司会有引人注目的表现。那一年它的股价最低为 31 美元，最高达 59 美元。在平均价格 45 美元的水平上，它与 1915 年时一样，市盈率为 7 倍，股息收益率为 6.7%。在其最低价 31 美元的水平上，市价比它的账面资产价值已经高不了多少，这样看来其定价远比 11 年前保守。

包括上述内容在内的一系列数据说明了 20 世纪 20 年代晚期牛市触顶前老式投资观念的延续，此后发生的事情可以用 IBM 发展史中的每 10 年为一期来说明：1936 年，它扩张到 1926 年的两倍，平均市盈率从 7 上升到 17.5；1936～1946 年，收入增长到 2.5 倍，但 1946 年的平均市盈率仍保持在 17.5；此后步伐加快，1956 年的净利润几乎是 1946 年的 4 倍，平均市盈率上升到 32.5；1957 年，净利润进一步增长，如果不考虑国外子公司的话，市盈率进一步上升到 42 倍的平均水平。

仔细观察这些近期的数据，我们会发现与 40 年前的数据可以进行有意思的对比。资产负债表上的"水分"自然是可耻的，但对工业企业来说又是司空见惯的。IBM 也曾一度出现这个问题，但现在"水分"已经完全被挤出了——首先是通过披露，然后是把它注销。但是另一种不同的"水分"又被注入它的估值中，这一次的注入者是股市，是投资者与投机者本身。当该公司的股价相当于其资产账面价值的 7 倍而不是盈利的 7 倍时，我们可以近乎理解为公司的资产价值忽略不计。或者说，那微小的账面价值在价格中所占的部分被认为是代表了价格中的少数优先股，价格中其余的部分则完全是为公司的盈利能力和未来前景支付的，就像旧时代的投机者在购买伍尔沃斯公司或美国钢铁公司时一样。

值得指出的是，IBM 从一家市盈率 7 倍的公司变为一家市盈率 40 倍的公司，这 30 年中大型工业企业的内在投机因素趋于消失（至少大大削弱）。它们的财务状况十分稳固，资本结构趋于保守，经营管理更为专业化，管理层也更为诚实。另外，新的财务披露要求也消除了源自信息披露遗漏所造成的投机。

再说另一次个人经历。我在华尔街的最初几年中，纽约联合燃气公司是最受追捧的股票之一，现已改名为爱迪生联合公司。它拥有盈利能力极强的子公司纽约爱迪生，但它只报告由该公司获得的股息而非全部收入。未报告的爱迪生公司的收入支撑了想象中的隐藏价值，但让我吃惊的是这些秘密数据其实每年都会在州公共服务委员会的文件中反映出来，查询这些记录和在某本杂志的文章中获得真实数据十分简单（需要说明，预期利润有所增加但并不显著）。

那时候，我的一位老朋友对我说："本，你或许会认为向公众提供这些被忽略的数据使你变得伟大，但华尔街是不会感谢你的，显得神秘的联合燃气公司比不再神秘时更具吸引力，你们年轻人总想掺和一切，这样会毁了华尔街的。"

的确，为投机热潮提供燃料的 3M 现在并未消失，即神秘（mystery）、操纵（manipulation）和微利（thin margin）。但证券分析师已经创造出许多估值方法，这本身就带有投机色彩，以至于几乎要取代那些旧的投机因素。其实他们也有自己的3M——明尼苏达采掘和制造公司（Minnesota Mining and Manufacturing Co.）。看一些数据就能明白，这只股票有着类似的投机逻辑。当公司股票在1957年以101美元的价格被出售时，相当于表明市场对它的估值是其1956年每股收益的44倍，而在1957年，每股收益没有表现出什么增长，公司那时的市值是17亿美元，其中真实资产有2亿美元，其余15亿美元表现为市场对其商誉的估值。我们不知道这种对商誉的估值是怎样计算得到的，但的确知道几个月之后市场就将这一估值下调了4.5亿美元（或约30%）。显然对这样的公司，想要精确地计算出其无形资产的价值是不可能的，它遵从这样一条数学定律，即商誉或未来盈利能力所占的因素越是重要，企业的真实资产就越不确定，因此其股票就更具投机性。

比较先前与现在，对这些无形因素的估值已经出现了重大区别。在上一代或更早一些时候，在平均股价以及非正式估值中，对无形资产的估值比对有形资产更为保守，这曾经是惯例。一家好的工业企业，其回报会被要求达到其有形资产总额的6%～8%，有形资产一般可以用债券和优先股来表示，但是它的超额收益（或者说是由之引出的无形资产）会按15%的收益率定价（从伍尔沃斯1911年首次发行的优先股和普通股中可以发现大约是该比率，许多其他例子也说明了这一点）。但自20世纪20年代以来，这些关系恰好与以前相反。一家公司要使它的股票在股票市场上足值出售，它一般要使其回报达到其普通资产的10%，但是其超额收益，即超过资本额10%以外的收益，经常会被更为自由地定价。或者说，比起支持其市价达到账面价值所需要的市净率，超额收益会有更高的乘数，因此如果一家公司每年的收益为其资产的15%，那么其股票很可能会以其收益13.5倍的价格出售（或者说是其净资产的两倍）。这意味着收益中由净资产引起的10%的那部分，其定价为本身的10倍，但另外5%的超额收益实际上被估值为本身的20倍。

当前，对估值中的这种顺序颠倒有一种合乎逻辑的解释，它与近来人们对增长预期的注重有关：拥有较高资本回报率的企业可以较为自由地估值，这不仅因为良好的利润率和与之相联系的较高的稳定性，更有说服力的是，较高的资本回报率伴随着较好的增长预期与前景。因此，如今为高盈利企业支付的实际上已不是过去所说的商誉、良好声誉和高盈利业务这些狭隘概念，而更可以说是因为人们预料在未来这些企业更具有利润增长的前景。

这使我发现了关于股票估值新态度的另外两个数学表达，可以做一个简单的假设以做出简要说明。假如收益乘数会与收益率一起增长（当收益与账面价值的比率上升时，市场价值的增长率约与收益平方的增长率相同），此时账面价值越高收益率增长的幅度却越小，这样的话有形资产已经成为股票市值的拖累而不是它的资源了。举例来说：如果 A 公司的每股账面价值是 20 美元，每股收益是 4 美元；B 公司的每股账面价值是 100 美元，每股收益也是 4 美元，那么 A 公司的股票几乎肯定会以较高的收益乘数被出售，因此股价会比 B 公司的股价更高，比如说 A 公司的股价是 60 美元而 B 公司的股价是 35 美元。于是下面这种说法显得并非不确切：正是 B 公司每股净资产多出的 80 美元，导致它的股票市价低了 25 美元，因为每股收益已经假设为相同。

更重要的是数学和股票估值中新方法之间的广泛联系，主要有三个要素：①对收益增长率的乐观预期；②这一增长在未来足够长时间内的持续；③采用复利进行的运算过程所产生的令人惊异的结果——证券分析师现在装备了一种新式的"点金石"（philosopher's stone），可以计算出一只优质股票具有人们希望的任何价值。

最近，我在《分析师杂志》上发表的一篇文章对在牛市中高深数学的风行做出了评论。在那篇文章里，我引用了大卫·杜兰德（David Durand）对成长股和著名的圣彼得堡悖论（Petersburg Paradox）反论的相似点所做的说明。圣彼得堡悖论在过去 200 多年中一直挑战着数学家并使他们感到困惑。我在此想说明的一点是，在数学和股票投资观念的关系中有一个特殊的悖论：数学经常被认为会产生精确而可靠的结果，但在股票市场中运用的数学方法越复杂和深奥难懂，我们从中得出的结论就越不确定和具有投机性。

在过去 44 年的华尔街经历和研究生涯中，我从未见到任何超出简单算术或最基础的代数以外的数学，被应用于股票估值或其他投资策略中能得到可靠的结论。无论何时，只要微积分或高等代数被引入，你就可以将其看作一个警示信号：操作者正试图用理论来取代经验，而且也经常会给投机加上投资的欺骗性伪装。

对于如今经验丰富的证券分析师来说，股票投资的旧理念显得颇为质朴天真。那时候，人们总是更多地注重于公司或股票中我们现在所称的"防御性"——主要是保证在经营不利时股息将保持不受削减。因此，那时人们对待坚固的铁路（50 年前曾是标准的投资性股票）实际上正如我们近几年对待公用事业股一样。如果在过去的记录中能表现出经营的稳定性，那么主要的要求就被满足了；人们不会花太多的精力来预测未来。但相反地，精明的投资者会把特别有利的未来前景当作他们正努力寻找的东西，但并不愿为之付出更高的价格。

实质上，这意味着投资者不必为更好的长期前景付出任何实质性的代价，其实不付额外的成本就可以得到。这可以看作投资者在选择最优质（而不是勉强过得去的）公司时更具判断力所得到的回报。因为，只要股票具有相同的财务能力、盈利记录以及股息的稳定性，它们就会按相同的股息收益率以相同的价格被出售。

这实际上是一种短视的观点，但在过去具有极大的优点，它不仅使股票投资变得简单，而且稳健并能赚到不少钱。

再谈最后一段我的个人经历。大约是在 1920 年，我们公司分发了一系列名为《投资者教程》的小册子。当然，只有像我这么一个二十五六岁的鲁莽的分析师才会想到采用这么自鸣得意的标题。在其中的一篇文章中，我做出了一个随意的断言："如果一只股票具有良好的投资价值，那么它也会是一只好的投机性股票。""因为，"我论证道，"如果一只股票优质而只有极小的亏损风险的话，一般说来它未来极有可能会获得良好的收益。"现在看来，这是个完全正确甚至是有价值的发现，但只有在没人注意到这一点时才是正确的。

几年以后，当公众醒悟过来，将股票的未来收益计入长期投资价值时，它们很快就不再具有这种价值了，因为公众的热情会将股价推高，从而使它们丧失了内在的无风险收益。这样一来，它们就被逐出了投资性股票的行列。当然这就会走向另一个极端，我们很快就看到有权威机构宣布（1931年）再也没有哪一只股票适合投资了。

当我们试图深入地看清这一长期历程的本质时，关于投资者对待资本利得和股息收入的态度，我们会发现另一组有悖常理而又确实存在的悖论：旧时代的股票投资者对资本利得并无多大兴趣，投资者买入股票几乎完全是为了安全性和股息收入，只有投机者才关心股价的升值或贬值；今天，越是经验丰富和精明的投资者，越会更少地注意股息的回报，而更多地把兴趣集中在股价的长期升值上。

但奇怪的是，恰恰是因为旧时代的投资者不关注长期资本升值，他们却实际上肯定会得到这种升值，至少在工业领域股票上是如此。相反，今天的投资者是如此关注预测未来，以至于他们已经预先为其支付了可观的价格。当他通过这么多研究和心思所计划的事情果真发生时，也不会给他带来什么利润。如果这种预期最终不能达到他所期望的程度，那么他事实上会面对暂时或者甚至很可能是永久性的损失。

1958年的分析师能够从这种过去和现在的态度中得到怎样有价值的结论？我又一次用了我在1920年的小册子中那种自大的语气——可能并没

有。我们可以带着怀旧的情绪回顾过去的美好，那时候我们只为当前的收益支付并且能够无偿地获得未来，一种"在手即天堂"的情况；现在只能悲伤低语，"那些日子已然永远逝去"。投资者和证券分析师不是已经吞下了能分辨善恶的智慧果吗？那他们难道不是已经被从伊甸园驱逐了吗？原先在园子里，人们能从灌木丛中摘到合理价格上最有前途的股票，而如今已注定将一直冒着风险，或者为优质和前景支付不合理的高价，否则就只能得到劣质的股票了吗？

貌似就是这样，但大家对这种悲观的两难境地还是不能确定。最近我做了一项小研究，内容是关于通用电气（General Electric）1957年年报中那张追踪了59年的收益及股息表。这些数据即使对一个知识渊博的分析师来说也令人惊讶。首先，从表中可以看出1947年前，通用电气增长是相当缓慢而且不规律的；1946年的收益，经过调整后每股只比1902年时高出30%（即52美分相较于40美分），而且在这一期间内，没有哪一年曾达到1902年的两倍。但是股息收益率从1910年和1916年的9倍上升到1936年的29倍，1946年又重新达到这一比率。当然可以说，1946年的乘数至少表明了精明的投资者超乎科学的良好预见力，证券分析师那时能隐约预见到有一段高速增长的时期将于下一个10年出现；但第二年（1947年）通用电气的每股收益创出了令人印象深刻的新高，同时市盈率大幅度下挫。在它的最低价在2美元左右（拆股前），通用电气的市盈率又一次触达9倍，而且那一年的平均市盈率只有10倍。短短的12个月，我们的水晶球看来是被乌云覆盖了。

这一引人注目的反例仅仅发生在11年以前，它在我的思想中种下了主流分析师的信念是否可靠的疑惑。他们相信，在行业中占据领导地位和具有前途的公司股票现在总会有较高的市盈率——他们认为这是投资中的基本事实，并愿意接受甚至喜欢这一事实。我不想武断地下判断，但只能诚实地说我自己没过去这个坎儿，你们大家也都应该自己思考一下。

不过在我的结束语中，关于不同种类股票的市场结构，我可以按其投资及投机的特征发表一些明确的意见。在以前，一只股票的投资特征多少与公司本身的特征相同或相关，两者都能通过信用等级被很好地衡量，一些公司的债券或优先股的收益越低，其股票就越有可能符合优质投资应具有的标准，而购入时的投机性因素也就越少。

如果用图形来表示股票的投机等级和公司的投资等级之间的关系，那么可以用一条自左向右下降的直线表示。但现在，我会用U形曲线来表达这个图形：在左边，公司本身是投机的，其信用等级很低，它的股票当然也是高度投机的；在右边，公司具有最高的信用等级，因为其过去的纪录和未来前景都给人留下了最深刻的印象，其价格也会相当高以至于带来一定程度的风险，从而同样一直在引入高度投机的因素。

于是我不得不引用我最近在莎士比亚的一首十四行诗中读到的一句话，它令人吃惊地与这一论题相关，或许有些夸张：

> 难道我不曾看到那些生活于安逸的人为之付出的代价使他们丧失了更多？

回到我所构想的图形上来：在曲线的中间部分，股票购买中投机因素达到最小值。在这个范围内，我们能找到许多著名而且稳健的企业，它们过去的增长纪录与全国经济周期一致，其未来前景显然也具有这一特点。这些股票在大多数时候，除非是在牛市的上限，都可以以合理的价格被购买。与上面已经指出的它们的内在价值相比，这种价格是相对较低的，因为投资者和投机者都更关注那些更吸引人的股票，事实如此，则我必须冒着风险得出结论：这些位于中间部分的股票的价格整体上会低于其不考虑其他因素而可确定的价值。这样它们就具有了某种无风险的收益，而那些具有更好的发展前景的股票却失去了这种无风险的收益，原因是市场的偏好。而且，在这个范围内的公司中，有着充分的空间对不同股票过去的纪录进行分析以分辨未来增长的可能,还可以通过分散投资来获得更高的安全保证。

当法厄同(Phaeton)⊖坚持要驾驶太阳战车时,富有驾驶经验的父亲提供了一些建议,但他没有听从而为之付出了代价。奥维德(Ovid)⊜用三个词概括了福玻斯·阿波罗的忠告:

Medius tutissimus ibis

你行走于中间将会最为安全

我想,这一原则对投资者和向他们提供建议的证券分析师也同样适用。

⊖ 古希腊神话中的太阳神福玻斯·阿波罗之子,太阳战车的主人,蕴含着"耀眼""光芒四射"的意思。——译者注

⊜ 古罗马诗人。——译者注

| 第 4 章 |

股市警告：危险在前[一]

根据 1959 年 12 月 7 日格雷厄姆在加州大学洛杉矶分校的讲话整理

股票市场在整个 20 世纪 50 年代一直保持上涨，其间只出现过一次明显回调。由此它又创造了上涨时间最长的纪录，尽管还没有达到 20 世纪 20 年代所创下的上涨幅度：这次股市上涨了 325%，而 1921～1929 年则上涨了 450%。

这种上涨现象预示了些什么？可以从多个角度回答这个问题，我将会把它一分为二。首先，经验为我们提供了怎样的参考？其次，经验和目前的情况及未来走势又有什么关系？

在这里，我将给出一些明确的论断，虽然不会太令人鼓舞，但涉及过去记录对目前情况的适用性，我恐怕不能做出明确的判断。我将提供一些事实以说明一些问题，另外我会指出人们的某些预期，它们则指向问题的另一方面。关于可能的答案，我会阐明自己的观点，但最终每个人都应该自己解决这些问题。

[一] 转自《加利福尼亚管理评论》（*California Management Review*）1960 年春第 3 期第 11 卷，已获加州大学董事会授权重印。

过往经历的启示

为了判断今天的市场到了什么位置,总结市场过去的表现是有益甚至必不可少的。投机者虽然无知但常常获利丰厚;有一种陈词滥调认为在旺盛的牛市中,知识是肤浅的,而经验则成为一种障碍。但投机者的典型经历是,在短期中能获得暂时的利润,最后则以亏损告终。如果经验无助于今天的投资者,那么我们必须合乎逻辑地给出这样的结论:其实并没有股票投资这回事,每个对其感兴趣的人都应该承认自己是个投机者。这正好与近些年来发生的事恰恰相反——现在每个人都把自己称作投资者,甚至包括一大批投机者。

最新一期的《商业周刊》有篇描述投资俱乐部年会的文章,开篇有一段话讲得很清楚:"所有的投资者,不管是大户还是小户,他们都在关心市场,尤其是股市下一步走向何处。"如果这句话准确地描述了一位1960年的谨慎的投资者,那么小角色真的要变成弄潮儿了。

是牛市还是新型市场

投资者的主要问题可以概括为:我们是处在一个牛市还是处在一个新市场中?如果是牛市,那本身就包含着这样的意思:总有一天熊市会随之而来。传统的熊市下跌可能达到怎样的幅度?这里有一些数据,它们是通过将1874年以来的12次熊市与近期道琼斯工业平均指数885点的高点比较所得到的(见表4-1)。

表4-1 12次熊市下跌的比较

时期	跌幅(%)	相当于从885点下跌至的低点
1874~1877年	36	435
1881~1884年	26	500
1889~1897年	40	410
1901~1903年	44	385

（续）

时期	跌幅（%）	相当于从885点下跌至的低点
1906~1907年	45	375
1909~1914年	29	485
1916~1917年	36	435
1919~1921年	44	385
1929~1932年	85	115
1937~1938年	44	385
1939~1942年	39	415
1946~1949年	27	490

这12次下跌的平均值（全部出自考尔斯标准指数（Cowles Standard Indexes））说明会达到的市场低点大约在400点，从高点685点下跌超过40%。投资者可能认为自己在心理上已经做好了股价下跌40%的准备，尤其当他们认为下跌会在高于今天指数水平上发生时更是如此。然而关于这一点，过去经历中的第二个因素是与之相关的：记录显示下跌与在此之前的上涨大体成比例，6次上涨的最大幅度平均是所达到的高点的63%，随之而来的下跌则是46%；另外6次上涨的平均幅度是高点的38%，下跌则是37%。

经验为我们提供了另一种衡量熊市中可能下跌的方法：市场上涨比估算的正常水平高出越多，后来它比这种正常水平跌得就越低。如果罗杰·巴布森（Roger Babson）所阐明的原理在未来也像现在那样适用，那么市场当下进一步的上涨实际上会带来更可怕的后果。⊖

我们用负面的极端情形来说明一下：假设市场很快涨到道琼斯工业指数1000点的水平，这当然令人高兴，且这种预测已经见诸报端了；进一步假设这是一种投机性上涨（与20世纪20年代末期的情况非常相似），道琼斯工业指数的中枢价值（central value）在那时只有400点。按照"行动和反应——相等和相反"的巴布森经济规律，指数的下跌将会达到160点

⊖ 巴布森第一个提出了股市是经济的晴雨表理论。1929年9月，巴布森第一个站出来说股市下跌，但所有的人都嘲笑他。——译者注

的低位,也就是跌去 84%。你可能会说"这不可能",但与之相似的情况在 1929 年确实发生过,只不过道琼斯平均指数下跌了不止 86%,而是 89%(从 382 点跌到 42 点)。

这真是矛盾,经济规律表明事情不会如此发生,而事实却实实在在地发生了。毕竟伴随着股市大涨,几乎到处是乐观情绪,即使最保守的投资者也不会想象得到下跌会像数据显示的那么剧烈。

当前的乐观情绪

我们现在将话题从卡桑德拉式(Cassandra-like)⊖的揣测转移到深刻于大多数投资者、投机者和为他们提供建议的专家心目中的未来股市中来。过去的经历不会完全从这幅图景中去除,但它正沿着一条十分泥泞坎坷的路前行并发挥着作用。关键的问题当然是乐观,我们为未来 10 年的商业前景而欢欣激动,"奇妙的 60 年代"开始被频繁提及。希罗多德(Herodotus)⊜引用过智者梭伦(Solon the Wise)⊜曾说过的一句话(富裕的克罗伊斯国王(King Croesus)⑲也曾在其临刑前复述过):"在生命结束以前,没有人能够说他一生快乐。"也许我们在总结 20 世纪 60 年代时应更为谨慎,并且最好是选择 60 年代结束以后进行总结,而非刚开始时。

大多数人对股票市场持有相同的乐观态度。《华尔街日报》最近引用了我的一位分析师朋友的话:"牛市将进入它的第 19 个年头,很快这将成为人们的共识。"言下之意,他将牛市追溯至 1942 年,忽略了 1946～1949 年的萧条期,并满怀信心地认为牛市将延续到 1963 年。

⊖ 希腊、罗马神话中特洛伊的公主、阿波罗的祭司。因神蛇以舌为她洗耳或阿波罗的赐予而有预言能力,又因抗拒阿波罗,预言不被人相信。——译者注
⊜ 希腊历史学家。——译者注
⊜ 古希腊雅典政治家、诗人。——译者注
⑲ 吕底亚最后一代国王,以财富甚多闻名。——译者注

对经济和股市的乐观情绪建立在一系列积极的事实和期望的基础之上，其中包括一种重要的因素，也就是物价上涨看起来很可能延续。我们将于稍后讨论这个问题。

投资者在理论上接受这一假设，即股市在未来会出现萧条。但人们根据过去 10 年的经验（在过去 10 年中最大幅度的下跌只有 19%，即 1957 年指数从 521 点跌到 420 点），预料这种下跌和回调将快速完成，因此只需有少量的耐性和勇气，你就能在此后不久见到远比现在高的价格水平，从而获取大笔收益。

投资者可能认为他们对未来的观点建立在过去经验的基础之上，但毫无疑问他们错了。1949～1959 年的市场经验（整段都是牛市）只能反映投资中比较积极的一面。过去市场在下跌以后总会回升并创出一些新高是一回事，细细思考，市场重新达到 1929 年的高点花了 25 年的时间；道琼斯平均指数在 1919 年和 23 年后的 1942 年点位相同则是另一回事。

当前牛市与过去牛市的关系

直到现在，我一直一方面讲述过去的股价波动，另一方面讲述目前的信心和乐观情绪，但并没有把它们联系起来。现在该把一些金融和经济数据列出来了，它们会把目前的股市与过去的牛市进行定量连接。

有许多权威的尺度可以衡量与价格相联系的收入、股息和资产价值，这些尺度将股市看作一个整体，同时更注重工业类股票，这里的数据也只应用于工业类股票，有《巴伦周刊》所记载的道琼斯指数、穆迪指数和标准普尔指数。奇怪的是，这些指数都暗示了同样的内容，无论当前还是过去 30 年来都一样。在 1959 年的高点上，这三种指数的股息回报率都是大约 3%，过去 12 个月的市盈率大约是 19 倍。我们将这些比率与过去牛市中指数达到高点时的数据做个比较（见表 4-2）。

表 4-2 与过去牛市的比较

	穆迪 125 工业指数		长期债券收益率	标准普尔 425 工业指数	
	市盈率	股息收益率（%）	（穆迪 AAA 级,%）	市盈率	股息收益率（%）
1959 年高点	19.0x	3.06	4.55	18.2x	2.95
1949 年低点	（平均）7.1x	（平均）6.82	2.65	5.6x	7.50
1946 年高点	15.9x	5.38	2.49	16.1x	3.55
1937 年高点	17.3x	4.15	2.27	17.6x	4.08
1929 年高点	19.4x	3.23	4.95	19.0x	3.10

然后将它们与 1949 年牛市之前的情况相比较（见表 4-3）。

表 4-3 与 1949 年牛市之前的比较

	道琼斯 30 工业指数			标准普尔 425 工业指数		
	每股收益	每股股息	股价	每股收益	每股股息	股价
1949.01～1949.12	23.54	12.79	（最低）161	2.46	1.03	13.9
1958.10～1959.9	35.14	20.00	（最高）678	3.50	1.92	65.3
增长率（%）	49	57	322	42	86	370

这些数据说明了两个重要的问题。第一，现在的股息收益率和市盈率与 1946 年、1937 年和 1929 年的股市顶点时的同一比率已大致相等。第二，1949～1959 年，收益的真实增长非常缓慢，只有不到 50%。在这段时间，最高信用等级公司债券的长期利率从 2.65% 上升到 4.55%，或者说大约上升了 75 个百分点。如果目前资本收益率随长期利率变动（虽然并不可信），那么股票实际上比 1949 年时的价值更低，虽然它们所出售的价格 4 倍于前。

股市真正的价值或许没这么糟糕。我们能够发现股息增长率高于收益增长率，在过去 10 年中，股息几乎翻了一番（至少穆迪和标准普尔指数如此），并且如果我们计算时采用过去 10 年间的收益，而不是过去 12 个月的收益，会发现从 1940～1949 年到 1950～1959 年增长了大约 120%；最为重要的是，1947～1949 年的价格水平明显过低。但即使考虑到上述三个因素，道琼斯指数也不可能从 1949 年年底的 200 点上升超过 100%。

大多数应用于道琼斯指数的估值方法没有考虑到利率的上升，因而会得到较高的数值。这些数据涵盖范围很广，但都有一个共同点：明显低于目前的市场价格。考虑《聪明的投资者》1959年版中提到的估值方法（1959年年初开始应用）：格斯坦（Gerstein）——383，莫洛多夫斯基（Molodovsky）——560，价值线（Value Line）——471，韦斯顿（Weston）——600，格雷厄姆（Graham）——365。并非所有这些方法在过去都一直被应用，得出数值较高的方法明显会受到现在对股票更乐观态度的影响。我将通过计算得出，那些较老的估值方法（1955年前被应用的方法）将认为目前的指数值不会超过450点，或者说低于目前水平的1/3。

两家大型财务顾问公司于1959年对1963年的股市进行了价值评估，一家得出的结论是道琼斯指数将达到664点，另一家则得出了634点的结论。这些结论建立在对未来收入增长相当乐观的假设基础之上。如果它们的结论是正确的，我们也应看到，股市已经对预期中在1963年将达到的更高的收益与股息支付了相应的价格（注意1963年的估值并不能准确地从过去的经历中得出，即使相关数据是已知的）。

到此我结束了对第一个问题的讨论——在当前市场阶段，经验有何直接启示。我的结论并不乐观，目前的牛市正在重复过去牛市中的过度估值，因此人们注定要为之付出相应的代价。现在我将进入下一个部分，并提出问题："应用于当前情形时，过去经验的相关性与有效性如何？"

新经济因素

大多数投资者、商人和经济学家确信，我们现在所处的商业世界与从前相比有很大的进步，主要体现在两个方面。首先是经济扩张的积极驱动力。这种驱动力包括增长的人口、更多的研发、更多的资本开支以及更庞大的消费等，换句话说就是更自信和更有进取性的态度，这使得我们有了新的预防衰退的武器，它将确保经济比过去运行得更为平稳，包括1946年

（就业）法案所规定的政府维持高就业率的义务，一些自动的"内在稳定器"如失业救济、社会安全保障、农业补助等。相对不太重要的其他两个因素也同样有助于维持和扩张经济：一是通货膨胀，只要不超出一定限度；二是"冷战"，它催生了大量的国防开支。

上述有利因素极其显著，以至于诸多有经验的经济学家展开了想象。20世纪60年代极为繁荣的商业图景在最近出版的一本书中被有力地勾勒了出来，即《美国经济中的新力量》(*New Forces in American Business*)，该书由德克斯特·基泽（Dexter Keezer）和麦格劳-希尔公司的经济学顾问所编撰。

对于经济的乐观无疑是目前股市中乐观情绪的首要驱动因素。但是，通货膨胀在此处有着更为重要甚至是独立的作用。一方面，未来不可避免的通货膨胀决定了将来股票的收益和价格会不断提高；另一方面，如果投资者的资金以债券和其他现金等价物的形式持有，其实际购买力衡量的真实价值将会持续下降。良好的经济加上稳定的通货膨胀组成了强有力的"股市鸡尾酒"，投资者发现它无害而且极其爽口。

对未来乐观的观点

对经济和股市未来的乐观看法，经验能告诉我们一些什么呢？从经验中得出的结论不是最后的决定，没有一种预测能在事情发生之前被证明是正确的。然而经验中的确有些内容与我们的问题至少是相关的。首先是乐观和自信一直伴随着牛市，当牛市中股价上涨时，这种情绪也在增长，否则牛市不能一直持续到其令人眩目的高度，只有当牛市崩溃时，乐观和自信才会迅速被怀疑和悲观所取代。

20世纪20年代末，也就是上一个对美国的经济前景最为乐观的时期，它是与狂热的牛市相伴的；然后就像我们现在这样，几乎所有的人都确信，我们进入了一个持续有力的经济繁荣的"新时代"。1928～1929年，"新时代"几乎成了对当时美国经济的官方描述。略具讽刺意味的是，今天几乎每个人都再次确信我们已经进入了一个持续强劲的经济繁荣期，但每个人都有意识地避免使用"新时代"一词，以免勾起关于1929年及之后极不愉快的回忆。

20世纪20年代，有一种观点认为优质股票内在地比债券更有利可图，金融服务机构解释说，收益低于债券收益的股票所具有的明显的危险性其实并不存在，因为股票的增长性最终将会弥补甚至超出股票购买者在当期收益上所遭到的损失。

通货膨胀的影响

在20世纪20年代的市场中，通货膨胀的因素并未被纳入考虑范围，因为在整个时期内价格水平一直保持稳定。然而在1936～1937年，它确实成为投资者和投机者所考虑的因素，因为在1932年6月的最低点和1937年3月的最高点之间，批发物价大约上涨了90%（这可以同1949年的低点和1959年近期的高点之间，该指数只上涨了19%相比较）。1901～1910年，批发物价指数稳步上升，涨幅总计达17.5%，比50年代的上涨率高出不少。尽管如此，在那10年中，股市仍经历了两次下跌，每次都跌掉约50%，持续到1937年3月的上涨之后也有将近50%的跌幅。

若将商品物价的上涨看作影响股市的因素，经验告诉我们两点。第一，在20世纪的大部分时间里，通货膨胀一直都存在而且是常态，其平均上涨率高于自1949年以来我们所见到的通货膨胀率，但这并没有阻止股市在大涨之后发生令人惊慌的下跌。第二，在这一期间，投资者及投机者对通货膨胀影响股市的看法发生了巨大的变化。令人意外的是，在1914年以来的6次熊市中，有3次同时伴随有批发物价指数的上升，其中两次上升幅度还相当大。阿诺德·贝恩哈德（Arnold Bernhard）在他出版的《股票的评估》

(*The Evaluation of Common Stocks*)中指出，在1949年熊市的底部，许多金融专家撰文认为通货膨胀对股票市场是一个不利因素，那时价格水平在1946～1949年的3年间上涨了几乎40%。

过往的记录清楚地表明，通货膨胀对股市的影响主要是通过人们的主观情绪发挥作用的，当批发物价指数与股市恰好同时上涨时，它就发挥了重要的利多作用。当股票价格下跌时，投资者就好像忘掉了通货膨胀。

最近，市政厅的执行秘书威廉·米勒（William Miller）促使我注意到通货膨胀因素的一个算术特征：在当前水平下，对大多数投资者来说，免税的债券收益率是股票每股收益率的两倍，后者的所得税因素已被考虑在内。因此，今天的免税债券投资者每年可以从其债券利息收入中相应地留出2%作为预防未来通货膨胀的基金，同时他的债券仍能得到与股票一样多的收益，并且同样可以随时变现。

当前的经济中有许多因素是以前的牛市所不曾有过的，股票投资的大范围普及（尤其是养老金和其他机构持股人的入市）是其中之一。关于这一点，我是存疑的，因为1929年股票投资的普及率可能与今天相差无几。纽约证券交易所指出股票投资者的数量差不多翻了一番（从600万到1200万），并借此说明股票地位大为加强，这一现象也是长期牛市所具有的特征。但在1921～1929年的牛市中，股东的数量无疑也有类似的增长。事实上，真实的经历已说明了小规模投资者数量的增多意味着未来股市有着更大的危险性而非稳定性。

稳定性增强

我愿意承认的新因素主要与现在经济的稳定性相关，例如由1946年《就业法案》所规定的政府维持就业的责任、失业保险机构以及养老金等。我很少愿意做预测，但可以肯定将来经济萧条或者衰退的深度将会比以前轻，本身这就是一个重要的长期利好因素。

另一个新因素是"冷战"，它确实是以前时代中所没有的现象。我和主流不太一致的观点是：在20世纪50年代，"冷战"对于抵消不利因素、促进经济发展所起的作用十分巨大；在60年代该作用将达到什么程度、相关军费开支在整体经济中的占比是否与50年代相同则需要专业人士回答。

下跌的可能性

如果上述后两个因素是新出现的并对经济有利，那么它们是否向投资者确保了未来还不明朗的股市将会是有利的？更明确地说，它们是否向投资者确保了我们过去经常遭遇到的市场40%或更大幅度的下跌将不再发生？这个问题的答案甚至要求我在一定程度上暂时偏离对过去经验的思考，而进行一些更为抽象的推理：如果经济在未来会比在20世纪50年代表现出更高的稳定性，那么股票的收益和股息也就会更为稳定，进一步促使股票比以前更为自由地定价，从而股票更高的核心价值能很好地从经验中得到确认，而不仅是从中发现一些迹象。

关键是能够比前面推算的价格高出多少呢？如果单从以往经验判断现在道琼斯指数应定价于450点，那么它会由于这些新的稳定因素的存在而定价于670点或更高吗？对此我没有答案，而且我不认为会有其他任何人能回答这个问题。我自己的猜测是：在当前的牛市环境中，金融专家认同并认为目前所处的水平是恰当的，但如果市场下跌到450点，同样是那些专家会使自己相信，旧的估值关系仍然是有效的，而那些新方法则只是牛市中的幻象。

我要再次使用1949年此轮大牛市启动前的情况来展示上述具有讽刺性的事实：当时《就业法案》已经通过3年了，但作为一个稳定性因素还一直被完全忽略，甚至有企业界还在强烈反对；更能说明问题的是，仅仅在10年以前，其市盈率或许是考尔斯于1871年开始记录以来，历史上以3年为一期计算的最低水平（除了 1916～1918 年的第一次世界大战期间以外，当时每个人都认识到收益只是暂时的）。现在，让我们看一下一家主流的投资服务公司在 1949 年 9 月是如何评价股市的（就在牛市启动前，那时价格水平不到收益的 6 倍）：

> 根据经验，现在的价格收益比（即市盈率）是极低的，就内在质地而言股票很便宜。但是，驱动价格上涨的因素是公众的情绪，股市的上涨有赖于人们信心的恢复。鉴于这些问题，我们一直建议手头保留一部分资金以备未来之需。

最后一句话是一种职业性的表达方式，意味着对股票市场总体的悲观情绪。

现在将上述论断与另一家主流公司对 1959 年关于历史性高点乘数所进行的分析进行比较。该机构列出了 1929～1959 年这些数据的波动情况，然后提出"股市现在处于估值区域的上限"。但它随后补充说，"1960 年的经济展望极为乐观，收益和股息应该会进一步上升"，而且"它们将支持股市新的增长"。这家机构没有建议在未来股市强劲的时期，投资者应当从股票中抽出一定资金，使之在股票和债券间达到一个更为均衡的点。事实上，这表达了一种温和的警告，我们当然不应对其进行批评，但我的确想指出的一点是：一家机构于 1949 年对位于历史性底部市盈率的反应和今天另一家服务机构对位于历史性高位市盈率所做出的反应是如此的无力和相似。

根据我的经验，大多数投资顾问通过股票价格得出他们对股票价值的看法；在股票市场上，价值标准不能决定价格而价格却能决定价值标准。

回到原来的问题中，新的经济环境是否会使更高的市盈率和股息收益率变得适当？假设答案是肯定的，那么这一事实能确保投资者不会再有代价高昂且令人沮丧的熊市遭遇了吗？我认为这应该是极不可能的。股市的价值中轴线会有所上移，但围绕这些中轴线的上下波动范围会跟以前一样。投资者甚至可以预料波动幅度比以前更大，因为关于新的价值中心应如何确定并没有人有一个清晰的概念，这需要通过不断的试错来实现。在此过程中，投机过度会使价格向上运行，而不恰当的悲观预期则使价格向下运行，两者所产生的影响将比从前大多数的周期波动更大。

当前市场中的过度投机

我最后得出一条有关人性的"规律"，它不会消失甚至不会有任何程度的变化：没有经验又没有超常能力的人在股市上可能会很快赚取一大笔钱，但他们不能保持盈利，其中大多数人最后会净亏损（即使股价的长期趋势一直是上升的，这也依然正确）。这是一条更一般的自然规律的特殊应用："天下没有免费的午餐。"在过去的好日子里，沙龙的参与者经常说这句话，可能在座的有些人那时还太小，所以没有印象。

毫无疑问，当前股市已经达到了这样的阶段，有许多人醉心于免费的午餐。在电子行业及相似的领域中，新公司的股价达到了不同寻常的高度：这些小企业潮水般发行的新股价格高于其平均收益的 25 倍，是其净资产价值的 3 倍（股价常于发行后立刻上涨）。股价前后表现毫无道理地不一致，例如史蒂倍克－帕卡德公司的三次股票发行由于投机者的参与而表现大不相同。根据经验，这些现象都说明了在目前股市中的随意成分，可以预期到前方会有严重的麻烦。

用我最喜欢的座右铭结束此次发言："事情改变得越多，它就越是老样子。"我一直认为，将这句箴言应用于股市比应用于其他任何地方都更恰当。在这句座右铭中真正重要的部分是"事情改变得越多"，因为经济世界已经发生了根本性的变化。但如果这句座右铭是正确的，那么股市本质上会继续保持与过去一样：在大牛市后将不可避免地会迎来大熊市。换句话说，人们在明天必然会为今天的免费午餐付出代价。总之从经验出发，我认为股市目前的水平是极其危险的。

| 第 5 章 |

价值的复兴：少有的投资机会浮现[一]

在上星期特许金融分析师协会举办的论坛上，华尔街经典著作作者、成功的职业投资者格雷厄姆，发表了以"价值的复兴"为题的演讲，下面是他讲话的一份摘录。

标题"价值的复兴"暗含的意思是：价值这个概念在华尔街曾一度为人们所忽视，曾泾渭分明的投资与投机的差别事实上已经消失。在过去的10年中，包括股票期权的购买者和短线炒股人在内的每个人都成了投资者。我一直认为"价值"这个概念（连同无风险收益这个概念）一直都是真正的投资的核心，而预期价格的涨跌则从来都是投机所关注的焦点。

此处我想简单介绍一下我们管理格雷厄姆－纽曼基金时采用的方法，也就是购买价格低于其营运资本价值的股票。这种方法在过去40年中给我们带来的收益足够丰厚，因而我们不再考虑所有用常规定价方法所筛选出的其他股票投资机会，而将精力集中于这些市价低于资产价值的股票。我们今天所讨论的"价值的复兴"这一主题，意味着这种投资机会又出现了。一本名叫《价值线》（*Value Line*）的出版刊物列出了100只具有这种机会的非金融公司股票，同时在《标准普尔每月股市指南》中至少有两倍于这个

[一] 《巴伦周刊》1974年9月23日，经授权许可转载。道琼斯公司版权所有，1974年。

数目的股票，其目前的价格低于营运资本的价值（不过不要花25美元去购买"1000只股价低于营运资本的股票"的广告，这些广告主经常会忘了将债务和优先股从营运资本中扣除以得到归属于股东的营运资本）。

这个结论很显而易见：如果可以得到由30只股价低于其营运资本的股票构成的组合，且这些股票又符合其他价值标准（包括分析师所关注的良好的长期前景），那么为什么不将选择局限于这一投资组合而忽略那些较普通的估值方法和由之得出的投资机会呢？这一点自然合乎逻辑，但还存在其他问题：这种"热销股"还将继续存在多久？如果一大群决策者开始将资金集中于这种股票，结果又会如何？如果以后这种股票不再可得，分析师应该做些什么？

这些问题的确与价值投资方法的许多方面有关，包括如果大多数投资者和他们的建议者遵从这一理念（或者说当这一理念为大多数人所接受时），投资机会是否还会继续存在。

当前公司间的收购报价已经成为我们日常金融事务的一部分，由此引发了一些有关于内在价值与市场价格相比较的有趣问题。最惊心动魄的一幕发生于几个星期以前，两家公司为了购买另一家公司进行了激烈的竞争，结果是在短短的一个月中，ESB公司的股价从17.5美元涨到41美元。我们以前一直认为，一家公司的股票对其个人持有者而言所具有的价值是评估该股票价值的重要基础，但现在对证券分析师来说，则需要考虑潜在收购者给出的报价。就这一点而言，对那些相信大多数股票的实际价值远高于其现行市场价格水平的人来说，ESB公司以及随之发生的马科公司的交易可以为他们提供信心。

我想在此指出其另一方面的问题。这个问题有点涉及我个人，因为与我长期以来所进行的失败的努力有关：我一直在努力鼓励股东在面对公司的管理层时不要显得太懦弱，INCO公司对ESB公司的收购报价一开始被称作"恶意行为"，后者发誓要用尽一切方法来阻止这种行为。最近一些管理层要求股东赞成股权的变动须得到允许，这将使这种与管理层意见相悖的公司收购变得更为困难。换句话说，股东要使其股票达到有吸引力的价格就更为困难了。那些股东仍然懦弱，一般都赞成这一建议，如果推广开来，将伤害投资者的利益。我希望金融分析师能对这一问题形成正确的判断，尽力劝告股东不要以这种愚蠢而不计后果的方式保持沉默。这是可供金融分析协会讨论的一个很好的主题，我们应就此采取统一的公开立场。

当前在公司收购中所出现的价格，与以前市场上以"漂亮50"为代表的股票价格存在一定的联系。大型企业集团通过积极并购扩展着自己的商业王国，在这个过程中，大投资机构起着某种作用。1972年，雅芳公司的平均市盈率是55倍，最高价曾达到140美元之上，市盈率达到65倍，这一乘数不能由任何保守的定价公式得出。这并不是在先前的牛市中由投机者炒作出现的结果，而是由那些成为雅芳公司大股东的机构所推动产生的。

在我看来，那些机构是由于以下三个因素而为雅芳公司支付了如此不合理的市盈率：首先是因为它们需要管理的资金数额太过庞大，它们希望其中大部分的资金以股权的方式持有；其次是因为它们可操作范围中的企业数目相对较少，部分是由于它们必须选择有数百万流通股的企业以进行大宗股权交易，且它们坚持要选择有高速增长前景的企业；最后是因为现在流行这种操作方式，尤其在养老基金管理中更是如此。

这里所用到的算术简单得具有欺骗性：如果某家公司的收益今年上升了15%，且市盈率保持不变，那么该投资就产生了15%的收益，再加上相对微小的股息收益率。如果市盈率增长了（正如雅芳公司每年所表现的那样），那么这种收益就变得非常丰厚了，而这种结果与购买股票时的价格完全无关。当然在这种幻想中，那些投资机构正在靠自己的力量想把自己拉起来——在华尔街这并不困难，但绝不可能永远维持下去。

这些投资机构的投资策略引出了两个对证券分析来说很重要的问题：第一，在高成长性、高市盈率公司这一令人兴奋的领域中，保守的分析师应该做些什么呢？不得不说对这些股票不加理睬而任由获利机会从身边溜走是几乎不可能的，但也正是那些投资机构自己将这些本来适合投资的股票转变成了投机性股票。我再次重申，普通的分析师不会预期在投机性股票的领域中会发生长期令人满意的结果，不管其投机性是源于公司自身的经营环境还是过高的价格水平。

第二个问题对进行投资的公众和为非机构客户提供咨询的分析师而言具有积极的意义。我们能听到很多抱怨，说机构对股市的统治已将小型投资者置于不利的地位，因为他们不能与拥有巨额资产的信托公司相竞争。事实却刚好相反，虽然在市场上机构可能比个人拥有更多的投机工具和技巧，但可以肯定的是，一个秉承正确原则的个人投资者，如果得到了正确的建议，那么他在长期的比赛中能远比大机构做得好：如果机构必须把自己的操作局限于不到 300 只股票，那么个人投资者则可以拥有多达 3000 只股票供研究和投资。许多真正质优价廉的股票无法被大笔购入，这一事实将机构投资者排除在这类股票的购买者之外。

假设所有这些都是真的，我们必须再次回到我在一开始所提出的问题：有多少金融分析师能够通过选定价值被低估的股票和将它们推荐给个人投资者而获得足够的财富，从而能够愉快地生活？坦率地讲，我不能说在这一领域中有足够的空间可以容纳 13 000 名分析师。但可以说，证券分析师过去大量涌入价值被低估的股票这一领域的数量，从来没有多到使获利可能性由于过度投资和过度竞争而被削弱（价值型分析师更多的是忍受着孤独）。

物超所值的股票在牛市时会变得稀少，但并不是因为分析师都变得关注价值，而是因为价格上涨（或许可以通过计算股价低于其营运资本价值的股票数量来确定市场价格是否已经变得过高或过低。当这种机会消失时，经验告诉我们投资者应当从股市中脱身，将资金全部投到政府债券中）。

截至目前我一直在讲述价值投资的优点，好像我从未听说过像"随机游走""有效资产组合""β 相关系数"等新发现。其实我还是听说过它们的。我想首先讲一下 β 相关系数，这是个对于测定股票过去的价格波动多少有点用处的方法，但使我感到困惑的是，专业人士将 β 值等同为风险概念，我认为如果说它是价格波动是没错的，但如果说是风险大小就显然不正确了。真正的投资风险不是用在一定时期内一只股票与股市整体水平相较而言其下跌幅度的大小来衡量，而应该用由于经济周期的变化或管理质量的下降而引起的股票质地和盈利能力的丧失来衡量。在《聪明的投资者》的第5版中，我用了A&P公司的股票在1936～1939年的表现来说明价格波动和价值变动的根本性不同。与之相对比的是，在过去10年中，A&P公司的股价从43美元跌至8美元，与之恰好同时发生的是其贸易地位、盈利能力和内在价值的相应丧失。对我来说，用价格波动来衡量投资风险这一思想是令人讨厌的，其原因正是它混淆了股市变化所说明的问题与股市实际上发生的事情这两者对投资者的意义。

价值投资的方法在应用于债券时一直比在应用于股票时更为可靠。它在债券分析中的特定目的是确定企业是否有足够的超过其负债的资产，从而为其债券提供相应的无风险收益。利息的计算方法也具有同样的功能，分析师可以将其应用于债券和优先股投资的广泛领域之中，在一定程度上也可以应用于可转换证券。该领域已经变得越来越重要，因为所有合适的投资组合都应该含有债券部分。

任何一个对得起其薪资的证券分析师都应该能够确定，一只给定的债券是否具有足够的、可以用统计数据表示的防范风险的能力，以供投资者决定是否应该将其纳入应考虑的投资对象。但在过去的10年中，这项工作职责时不时被忘掉了。最典型的例子是宾州中心公司发行的证券与质地优良的公用事业证券以相同的价格被出售，调查下过去几年中该公司系统的记录会发现，该公司只是一个徒有其名的空壳，它的会计账目非常奇怪，且没有缴纳过所得税——我们其实应该把它从发行债券的行列中驱逐出去，而且它竟然还是发行价最高曾达到86美元的股票。

当前我们发现，所有的债券都以高收益率被出售，但许多公司已陷入过度负债的困境，其中许多公司债券在借款契约中似乎没有为债权人提供足够有力的保护性条款，来限制这些公司借入新的款项以取得其本公司的股票（典型案例是凯撒世界股票的操作，这种现在普遍存在的做法对债权人脆弱的承受力而言意味着重大的风险）。

因此，证券分析师可以很合理地提出一大堆有价值的建议，让投资者在债券领域中改变投资策略，甚至联邦债务结构中美国政府的间接债务（包括一些免税债券）都为投资者提高收益提供了不少机会。与此同时，许多可转换债券在以与其股票相近的面额被出售，而债券提供了比股票更高的回报。因此，此时投资从股票转移到债券领域是很自然的事，史蒂倍克-沃辛顿和恩格尔哈德的优先股与其普通股股票的对比都说明了这一点。

作为一个经历过多次熊市和牛市的80岁老人，我想用一些建议来结束这次发言：作为一个分析师，请做那些你知道能够做好的事并坚持只做这些事；如果你真的能利用图表（或是其他一些你自己拥有的少见而有用的才能来获取超出市场平均水平的回报），那么你可以在这个领域中深耕；如果你真的善于选择最可能在未来12个月中表现出色的股票，那么请将自己的工作以之为基础；如果你能预言经济生活中的下一个重要发展（或是技术的发展，又或是消费者偏好的变化），那么请衡量它们对各种投资价值的不同影响，然后将精力集中于此。但在每种情况下，你都必须通过不欺骗自己的方式和对操作结果不间断的测评来向自己证明，你具有抓住获利机会的能力。如果你相信价值投资的方法是正确的，那么请专一地奉行这一原则，不要被华尔街多变的幻象和暴利的欲望所迷惑而偏离这一原则。成为一名成功的价值投资分析师并不需要特殊的天赋或者超常的才能，需要的只是：第一，常人所应有的智识；第二，正确的原则；第三也是最重要的，坚定的性格。

作为一名金融分析师，不管你想走哪一条道路，采用什么样的方法，请保持你的道德准则和作为知识分子的正直。在过去的10年里，华尔街丧失了它本来具有的值得称赞的道德准则，这很大程度地伤害了其服务的对象，也损及了金融界自身。当我70多年前在这座城市读小学时，我们要在作业本上抄写各种不同的格言，第一句就是"诚实是最佳准则"，现在仍然如此。

| 第 6 章 |

股票的未来㊀

在我 1914 年来到华尔街之前,股市的未来已经被预测过一次,如 J. P. 摩根所说:"它将会波动。"我很有把握地说,未来几年会像过去那样,股价会上涨得很高,也会下跌得过低;投资者和投机者都将迎来资产升值的时期。

我想用两段自己的工作经历来解读这句话。第一段要追溯到 50 年前的 1924 年,当时 E. L. 史密斯出版了《用普通股进行长期投资》(*Common Stocks as Long-Term Investments*)一书。他的研究说明,与当时人们普遍认为的恰好相反,股票投资作为一个整体,在之前的半个世纪已被证明是远优于债券的投资对象。投资者普遍认同这一研究结果为随之发生的 20 世纪 20 年代的大牛市做了理论和心理上的准备。道琼斯工业指数(DJIA)在 1924 年中期稳定在 90 点左右,到 1929 年 9 月已上涨到 381 点,并从这一高位开始崩盘,直到 1932 年下跌到 41 点的低点——30 多年记录的最低点。对通用电气和道琼斯指数而言,1929 年的高点在随后的 25 年间再也没有重新触及。

有些策略应用于过去是完全正确的,但在环境变化后仍盲目应用,则会导致灾难性的后果:道琼斯指数位于 90 点时,股票投资确实有吸引力;

㊀ 摘自《金融分析师》1974 年 9 月 /10 月刊,已获准重印。

当指数上涨到 200 点时，吸引力就值得怀疑了；当指数上升到 300 点或更高时，吸引力则完全不存在。

第二个事件的发生标志着 1929～1932 年漫长的股市大萧条的终结。美联储于 1948 年发布了一份公众对股票态度的报告，当时道琼斯指数只有 165 点，市场整体市盈率只有 7 倍，同时 AAA 级债券的收益率只有 2.82%。尽管如此，在受调查的人中有 90% 不愿意购买股票（一半认为股票风险太大，另一半则对股票不熟悉）。那正是股票要开始史无前例的上涨之前的一刻，之后道琼斯指数一路飙涨，从 165 点涨到 1973 年的 1050 点。不过大众对于金融的态度向来没法作为投资参考，这一古老的真理依旧有效：1974 年发生的事件鲜明地显示出其正确性，一如 1948 年一样。

股票的未来大约仍将会跟从前一样，尤其是当价格水平合理时，股票仍会是令人满意的投资。这么说可能有人会反对，毕竟这种说法作为一种结论太粗糙和肤浅，没有把诸如通货膨胀、高利率、能源危机和生态污染等新问题考虑进去。或许还应该加上投资者对华尔街这个群体已经普遍不信任，毕竟近年来华尔街在道德方面、各种金融活动中和一般商业性活动中的行为相当可耻。

当然，这些对股票未来价值不利的因素应该作为今天投资策略的决定因素之一，但如果你就此认为此后不管价格水平有多低都不再购买股票，那么这依旧是荒唐可笑的。

问题其实与过去一样：现在是购买股票的好时机吗？现在股票的价格合理吗？我认为应该从以下两个方面考虑：①将股市看作一个整体，例如以道琼斯工业指数或标准普尔 500 指数为指标，现在的价格是购买股票的好时机吗？②如果股票指数的水平不具有吸引力，那么投资者能否通过选择那些至少在目前价格上确信物有所值的股票来获取收益呢？

这种划分与目前的情形相关：由于机构投资者对大型高成长的公司具有极大的偏好，因而出现了"双层市场"，导致了具有不同投资特征的股票市盈率有 10 倍之差。在我的投资生涯中，我从未目睹过这种情形，除了在 1929 年股市最疯狂阶段的著名的蓝筹股。

我对上述两个问题的答案如下：关于股票指数的当前水平（道琼斯指数 850 点和标准普尔 500 股票指数 93 点），影响其价格的最直接因素是国库券等债券的利率。大机构自 1973 年支持股票高定价以来，始终没有将 AAA 级债券的利率纳入考虑范围，当时其利率为 7.3%，在此之前曾为 8.5%（1974 年后利率再次超过 8.5%），而 1964 年仅有 4.4%。我认为股票的（每股）盈利与股价比①应该和债券收益率有关：假设债券收益率是 4.4%，而拥有 1 美元盈利的股票价值为 17 美元②，那么如今 AAA 级债券的收益率已高达 8.5%，拥有 1 美元盈利股票的价值只能是 8.8 美元（是原来 17 美元的 52%）③。反过来讲，当前道琼斯指数的合理市盈率是 9 倍左右，如果盈利处于 1973 年创纪录的 86 美元的水平，那么当前道琼斯指数的价值只有 775 点。有人认为债券利率在未来会有所下降，但这仅仅是一个预期而已，而现在 8.5% 的利率则是一个事实，并且如果债券收益下降，那么债券的价格（尤其是大幅折价的债券）将与股票一起上涨，也就是说，当利率下降时债券的表现仍优于股票。

从另一个角度来讲，我会要求道琼斯指数或标准普尔指数的收益率至少是 AAA 级债券收益率的 4/3 倍④，方能与债券投资有相同的竞争力，这意味着 11% 的收益率，道琼斯指数的当前价值应为 775 点左右，这同把 1974 年年初的情况与 10 年前相比后得出的结论一致。

更进一步地，我基于过去 25 年增长率计算得出的道琼斯指数增长率只有 4.5%，如果这一增长率在未来得以延续，那么增长率和股息率相结合能

---

① 即盈利收益率，市盈率的倒数。——译者注
② 对应盈利收益率为 5.9%，是此时债券收益率的 1.34 倍。——译者注
③ 此处作者假设盈利收益率依然为债券收益率的 1.34 倍，那么盈利收益率为 11.4%，对应市盈率为 8.8 倍。——译者注
④ 即上一个译者注里提到的 1.34 倍，由于取小数点后一位数以及四舍五入原因，所以此处不是 4/3 倍对应的 1.33 倍。——译者注

产生不足 10% 的总体回报率（包括 4.5 个百分点的增长率和以复利计算的 5 个百分点的股息收益率）。与这种计算相比，现在所得出的道琼斯指数价值 775 点的估值太高了，而在当前价格对标准普尔 500 指数做相应计算会得到比道琼斯指数更不理想的结果。标准普尔 425 股票指数和 500 股票指数在过去 25 年中都以约 5% 的速度增长，但这一点相较于道琼斯指数的优势也被更高的市盈率抵消了。

个股选择

我在评价个股时，会把纽约证券交易所目录中的股票分为三个等级：第一类是成长股，过去 12 个月的市盈率约为 20 倍；第二类是相对冷门的股票，市盈率低于 7 倍（盈利收益率高于 15%）；第三类的市盈率在 7 ～ 20 倍。

在 1530 只纽约证券交易所上市的股票中，有 63 只（占总数的 4%）市盈率高于 20 倍，其中 24 只高于 30 倍；500 多只（超过 1/3）市盈率低于 7 倍，其中约 150 只（总数的 1%）低于 5 倍。

假设这些股票的预期每股收益是可靠的（忽略增长），许多股票的吸引力可以与收益率 8.5% 的债券相媲美。这个投资范围就相当大了，许多股票会是养老基金投资的合适对象，其价值明显被低估了，这些股票尤其适合区别于短期投机的长期投资。市盈率低于 7 倍的股票中有的股本规模庞大，如费尔斯通（Firestone，销售额达到 30 亿美元）；有的规模中等，例如艾姆哈特（Emhart），这家成立了 72 年的公司，其股价在近期已低于净资产价值。

账面价值法

在部分股票市盈率低得出奇的同时，账面价值（净资产价值）正在被重新确立，虽然这看起来跟选股没什么关系，但其实也有用处。对于股市中的很大一部分标的，我们依然可以采用古老但有效的评价标准——公司作为私有企业对投资者的价值，这与市场对股票的竞价无关。如果该公司过去生意兴隆，且未来至少仍有不少希望，那么其价值理应高于净资产价值，也就是说，如果能以低于净资产价值一定幅度的价格购入，它将极具吸引力。

事实上，在纽约证券交易所上市的公司中约有一半股价在上月低于其账面价值（约1/4或400只），其中既有高于也有低于其净资产价值的。在过去5年中，半数以上的公司围绕该值上下波动，大部分股价低于账面价值的股票市盈率也很低。

粗略地说，在这种情况下有一种各类投资者都适合的简单投资方法：在股票账面价值2/3或更低的价格上购买，并将它们持有到价格触及净资产价值再出售。这种方法能获得高达50%的利润，且没有任何投机色彩。我不敢断言这种简单的投资策略在将来效果如何，但至少在1961～1974年的大多数年份中投资机会很多，总的来说投资业绩也很棒。

我刚才谈到了将纽约证券交易所股票分为三类，现在重点谈一下对第一类股票的观点，那些市盈率适中的股票可能会有个股机会，但对我没有吸引力。第一类的成长股对经验构成了挑战，它们如果能以账面价值购得（或两倍于这一数值），那么对谁都是极好的投资机会，但问题是它们中大多数的价格高于其账面价值的5倍（甚至10倍）以上。这样的价格水平表现出明显的投机特征，虽然与公司本身无关而仅由价格引起（早在1958年我就曾在金融分析师协会的一次讲话中指出过这一点，该篇讲话作为《聪明的投资者》的附录已重印）。成长股所带有的投机性风险在过去18个月中已为人们所熟知，这些受追捧的股票不少也遭遇了股价下跌。

现在我想举例来讨论下近年来在学术界兴起的有效市场理论，毕竟这一假设如果成立，将对投资很有帮助。在其极端情形上，该理论可以推出两个结论：①几乎任何时刻，股价都反映了人们所知的与该公司有关的一切信息，因而不能通过寻求和使用额外信息持续地获取利润，哪怕是内部人士；②因为市场中关于每只股票的信息是完全或充分的，它所记录的价格也就是合理和正确的，所以股票分析师寻求价格和价值之间的区别将会一无所获（至少无法获得充分的回报）。

关于第一个推论，我不想太强烈地反对，虽然可以确定一定存在关于某只股票尚未被广泛知悉并反映到价格中的信息，但我想重点驳斥第二个推论：以雅芳公司为例，如果说1973年它的价格为140美元是"正确的"，而1974年其价格为32美元也是"正确的"，那么期内发生了什么导致该公司的市值下跌了77%（近60亿美元）？市场可能的确拥有了有关雅芳公司的所有信息，但至少没有正确地利用这些信息为其定价。

笛卡尔（Descartes）早在3个世纪以前就对这种情况进行了概括，如他在《方法论》(*Discours de la Méthode*)中所说：

> 只拥有良好的智力还不够，主要是要很好地运用。

在这里我想应表述为："只拥有完全的信息是不够的，基本的问题是如何正确地使用它。"

我可以拍着胸脯说，现在纽约证券交易所中500多只市盈率低于7倍的股票，有太多的股票价格并不"合理"，它们的价值显然比现在的售价高。任何一个对得起自己薪酬的证券分析师都应该能够从这一领域中选出一个有吸引力的投资组合。

通货膨胀和投资准则

我们现在来讨论通货膨胀。不管在何种价格水平之上，持续通货膨胀的预期是否使股票投资变得没有吸引力了？奇怪的是，仿佛就在昨天，大家都还认为即使股票价格再高也比债券更可取，因为股票能够抵御未来的通货膨胀。

不仅在最近，其实几十年以来，股票并没有展示出期望中的抵御通货膨胀的能力。我引用一个直观的猜测：更高的价格水平会导致商业资产更高的价值，相应地会导致较历史成本更高的利润率。但统计数据没有证实这一点，账面资产回报率（原值）稳定在10%～12%，远低于用重置成本评估的结果。如果有什么变化的话，它在1948～1953年还下降了，那时道琼斯指数的平均市盈率是7倍。

诚然，道琼斯指数和标准普尔425指数的收益在1947～1951年到1969～1973年两个期间的确增加了两倍，但期内两项指数所含公司的账面价值增长了3倍。因此可以说，战后公司收益的增长只是归功于通过未分配利润再投资所增长的企业净资产，而不是因为在过去28年中的价格水平翻番。简单来说，这种通货膨胀对股票投资没什么帮助。

于是自然而然地，投资者可以认为不应该在任意价格水平上都热衷于股票投资，这也是我长期奉行的投资准则的一部分。但就目前来看，也不应该由于通货膨胀而不去购买那些利润率高达15%的公司股票。

那到底什么是投资者该做的选择呢？不管是机构还是个人投资者，当然可以选择投资短期债券，当期收益颇为可观，同时期望未来的通货膨胀最终导致所有种类的股票价格下跌（包括那些低市盈率的股票）。这一策略在投资者认为股价高于其价值时是正确的，但如果不是这样的话，该策略也就是押注市场未来的波动方向而已。或者投资者可以把目光从股票和债券转移到实物（如房地产、黄金、商品和名画等）上，对此我想列举三种情形。

第一，将一笔真正巨大的资金（如几十亿美元）投资于有形资产（不动产除外）会造成价格的大幅上涨，从而产生典型的投机循环，最终结束于不可避免的崩盘。

第二，房地产领域已经显露出危险了，无数新企业通过借入资金和出售股票获得资本，最后遭遇股票崩盘，还连累了其投资者。

第三，关于通货膨胀的积极因素。每个投资者能意识到未来的通货膨胀率会比目前的11%更高（尽管并不一定真的会发生），于是在配置资产时购入部分"有形资产"，我想他们是不满足于将绝大部分财富保存为纸币或其等价物的形式（如银行存款、债券和各种应收账款），因而为了对股市或短或长的上涨做好准备，他们通过股票的方式间接投资于诸如土地、建筑、机器和存货等有形资产。我认为这种思路是有益的，甚至对养老金等投资组合的构建都是适用的。

很明显，我在预测股票的未来成长时没有把诸如能源危机、环境问题、外汇汇率的不稳定等作为主要考虑因素，因为它们在价值与价格的平衡关系中的作用与以下不利因素相同：①更低的盈利能力；②更沉重的债务负担和由此导致的更高的利率水平。经济学家和证券分析师会去预测它们对未来的重要性，但这种预测和以前的预测一样精确度不足。

机构支配效应、有效市场与证券分析的前景

毫无疑问，基金经理在股票投资的问题上是有些盲目的，这从过去10年股票定价远远偏离债券收益率就能看出。这种盲目有助于助推股价的上涨，毕竟数以十亿计的美元从债券市场跑出来，而被投资于高市盈率的股票上。现在机构投资者对股票已不再热衷，投资者也展现出忧虑，很可能近些年来对股票的偏好正在迅速消失甚至走向厌弃。于是，告诫大家不要对低价股持有偏见已经成为我这种老人的絮叨之言了。

机构投资者投资于股票的资金高达2000亿美元，当前证券分析师有11 000位，且每个人都想"战胜指数"，那么对股票的偏见会对机构投资者的操作产生什么影响呢？这里我想引用海因里希（Heinrich Heine）的一句诗：

45位教授
祖国啊，你被毁了！

如果45位教授就能造成这样的灾难，那么11 000位证券分析师又将如何？

客观来说，机构参与股市、证券分析师提供估值计算等专业工作，应使股价相对平稳，至少在理论上会减少股价不合理的波动。

然而，我并没见过机构投资者起到这样的作用，反而让价格波动更大。原因大概是机构和它们的分析师并没有表现出比一般公众更多的谨慎。通过其操作能看出，他们也经常被妖股所迷惑，同样在很大程度上不考虑投资和投机间曾经很明显的区别（部分银行信托也曾在1968～1973年未满足审慎性的法律要求，我甚至怀疑有一天银行也会失去公众的信任）。

以美国航空（American Airlines）为例，《标准普尔每月股市指南》表明，约2000家保险公司和投资基金持有该股以及其他一些股票（其中没有银行及其信托部门）。1970年，这些机构拥有美国航空43亿股的股份（总数的22%），公司在1970年报告了每股1.3美元的亏损，然后在1971年盈利13美分，1972年则盈利20美分。于是，所谓的有效市场将价格从1970年的底部即13美元推高到1972年的历史新高即49.84美元（当年市盈率为250倍）。

那么金融机构有没有阻止这种愚蠢的投机行为呢？在股价上升的时候是否曾售出其所持有的股票，以便在获利之时清仓这只被高估的股票呢？

并没有。

机构投资者反而将持有量提高为67亿股（总数的50%），总计有143家。最新的1974年数据显示，117家机构仍持有57亿股（总数的20%）（与此同时，公司在1973年出现创纪录的4800万美元的亏损，价格从1972年的50美元下跌到1974年的7.5美元）。

从这一故事中很难看出机构对"有效市场"和合理的股价做出了贡献。

越来越多的机构将会认识到它们不能期望从其股票投资组合中获取高于市场平均水平的收益，除非它们有超出一般水平的证券分析师。从逻辑上来讲，这将使一些机构趋向于接受标准普尔500指数作为其期望收益，而这将进一步促使其采用标准普尔500指数或425指数的成分股作为实际的投资组合。如果真是这样，客户会质疑其收取管理费的合理性（如果我所说的人们趋于将标准普尔指数成分股作为投资组合的预言真的实现，那将是一个讽刺性的倒退，退回50年前就已存在的股票投资方式。当时的第一批投资基金是真正的信托且是固定信托，投资组合在最初就被确定并不再更改，除非在特定约定条件下）。

对我所提及的固定信托基金形式做些变更，还是可以给金融从业者留出一些空间的：把股票投资组合的初始组成假定为标准普尔指数成分股，或者更简单的道琼斯工业指数成分股；投资经理会被允许对某些股票做出替换，但前提是有令人信服的证据以说明新换入的股票内在价值明显比被换出的股票多；投资经理要对原有指数成分股的变更负责。这种投资方式可以在一定程度上提高实际的业绩，至少使金融分析这一行有事可做。

其实我想强调的是，现在道琼斯指数和标准普尔指数的价格相较于许多低市盈率的股票实在是太高了。如果这种观点正确，那么任何一位合格的分析师都会发现，当前获利的好办法即为推荐更有利可图的标的来取代指数成分股中的某些公司。

当我列举应投资于股票的理由时，我并没有建议任何一位投资者将资金全部投入股市，在某种程度上也因为机构投资者对股票已失去了信心。相反地，我认为在每个投资者的总体投资组合中最少应保持25%的债券配置，同时相应保持最少25%的股票配置，其余一半资金可以在两者之间进行分配，既可以是惯常的对半开（可以根据价格变化进行调整），也可以在债券比股票更具吸引力的时候，把债券的比重提高到50%以上，而在股票更具吸引力时反之。

股票如此被重视是因为流动性比其他资产更好吗？对于这一问题有不同的答案。

第一，将资金投入长短期债券并不会损害流动性。

第二，在一个实际的投资计划中，流动性没那么重要，很多投资机会就是因为假想投资需要迅速变现而错过了。

第三，我不知道投资油画、商品等股票之外的标的应该在多大程度上考虑流动性因素，但考虑到债券还能有每年 8.5% 的收益而这些资产并没有，就不应该一味地追求流动性。

指数化的经济与受调控的经济

之前我曾就通货膨胀对股市的影响阐明过自己的观点，依照米尔顿·弗里德曼（Milton Friedman）的意思，"指数化的经济"太不切实际也太遥远，并不适合对其进行严肃的讨论。在工会的工资谈判以及养老金计划中，合同应依照生活开支的变化调整算是经济指数化的一种表现。之前也曾有过指数化的债券，由雷明顿－兰德公司（Remington-Rand Corporation）在欧文·费雪（Irving Fisher）（时任公司董事）的要求下发行，该债券根据生活费用指数改变其利息支付。这种思路也许会重新流行起来，现在越来越多的借款合同是让利息根据债券收益率或银行借款利率而浮动。随着花旗集团 6.5 亿美元 1989 年到期的浮动利率票据的发行，浮动利率融资工具或将大规模到来。

从 40 年前的罗斯福时代开始，我们已经开始习惯于受调控的经济了，因而也应该习惯于它对股票的影响。政府对经济的干预对股票价值会产生两种相反的影响：对货币危机和像 1935 年那种大规模衰退的预防有利于提高股票价值，但经济管制和其他对商业活动所加的重负又会减少公司利润。

目前来看，总体来说这是有利于股票价值的，至少是有利于其价格的。通过将道琼斯或标准普尔指数在1949年之前和之后的走势进行比较，可以明显看出该影响。接着再看从1969～1970年到1973～1974年的价格下挫，就不过只是在价格总体上涨过程中的小规模回调而已了。

经验说明，对股票的各种不利因素与股票过去所面对的障碍并无多大不同，我认为股票未来也将会克服这些困难。

但我必须提及前面引用的资料中未曾涉及的对股票价值形成威胁的因素，即公众由于金融圈近年来的作为而丧失的信心。我始终认为，华尔街比其外部机构对股票价值和未来造成了更严重的损害。爱德华·吉本（Edward Gibbon）和奥利弗·哥德史密斯（Oliver Goldsmith）都说过："历史无非是人类罪恶、蠢行和不幸的记录而已。"这句话也适用于1968～1973年的华尔街，但重点更多应在于罪恶而不是不幸。

金融机构和诸多个人投资者做了很多不谨慎和无效率的行为，奉行着不正确的道德准则，而贫穷或无知都无法作为减轻这种过错的借口。我没有时间列举其种种，只举一个令人难以置信的例子：谁听说过有哪个行业由于接下了自己难以处理的业务而导致几乎全行业破产？而这就是1969年发生在纽约证券交易所的事，在同一时期的许多其他公司，其行为的荒唐也不过一般。

可能需要时间和新的法规来恢复公众对华尔街的信心。此期间内股价将缺乏动力，但我想真正的投资者会为之高兴而不是泄气，因为他可以将新的积蓄投资于非常令人满意的方向。对养老金经理，尤其是那些每年有大量新增资金可供投资的人来说，前景更为诱人——5年前可能没人会想到竟然可以买到年收益率为8%～9%的AAA级债券，以及盈利收益率15%或更高的高质量公司股票。当前的机会提供了比想象中更有前景的投资方式，不过如果还有人期望通过机构倒买倒卖使标的升值25%，那么无异于是在靠自己的力量把自己拉起来。

我想引用最喜爱的古罗马诗人维吉尔（Virgil）的诗句作为结尾。在华盛顿农业部大楼的大厅楼梯顶部有一幅巨大的图画镶板，其下铭刻着这句话：

O fortunate nimium...Agricolae!

这句话是对他那个时代的罗马农夫所说的，但我想将它送给今天和未来股票投资者：

毫无疑问，你们是幸运的投资者，只要你们明白现在所拥有的优势！

| 第三部分 |
THE REDISCOVERED BENJAMIN GRAHAM

关于投资职业

我们目前没有证券分析师的评分系统,因此也没有所谓的平均成功率。然而,如果我们要致力于向客户提出具体建议,却无法向他们或我们自己证明我们是否在任何特定情况下都是正确的,那将是有些反常的。多年来,一位优秀分析师的价值无疑在他投资建议的总结果中可以表现出来。

——《分析师杂志》1946年第一季度刊

当格雷厄姆在富布赖特委员会(即参议院银行和货币委员会)作证时,他的证词为华尔街如何运作提供了罕见的见解。参议员詹姆斯·富布赖特对于投资理解不多却很坦诚,他问了很多我们中的很多人都希望有机会问格雷厄姆的问题。格雷厄姆用简单直接的语言描述了他和其他专业投资者的工作内容、工作方法以及他个人对工作流程的看法。

每当我们听格雷厄姆说话(而不是阅读他的作品)时,他总能让人聚精会神地聆听。很明显,这就是为什么他是如此受欢迎的老师。在他的参议院证词中,以及在这一部分的其他著作中,格雷厄姆为当时的投资界传递了革命性的信息。他希望证券分析的工作具有专业地位与认可，他认为他知道如何实现这一目标。

在格雷厄姆为金融分析师开展培训、测试和资格认证计划之前，证券分析仅仅是一份工作而已。格雷厄姆知道这项工作需要特殊的技能，它应该有绩效标准和道德规范，除非这些做到了，否则这份工作永远不会得到充分尊重。他为此目标不知疲倦地工作，虽然很多人反对他。今天，由于格雷厄姆的坚持不懈以及他众多弟子的辛勤奋斗，特许金融分析师（CFA）特许状被投资专业人士充满自豪地展示出来。

| 第 7 章 |

迈向科学的证券分析

全国金融分析师协会联合会《第五届年会会刊》

主席先生、会员同人、女士们、先生们,全国联合会在年度大会上给我这个突出的位置,是给予我本人的一个莫大的荣誉。作为回报,我应该立即开始进入冷静、严肃的主题。但是,我担心你们和我现在都不会感到非常冷静、严肃,因为西部热情好客的氛围已经让我们"深陷其中"。在添惠公司的鸡尾酒会上,我听到一位女士对她的丈夫说:"汤姆,你绝不敢再喝一杯了,因为你已经开始迷糊了。"(笑声)但是,对于我而言,就好像作为证券分析师登上了芝加哥的特殊列车,带着一本《圣经》,朋友对他说:"吉姆,你带着《圣经》做什么?"他说:"好吧,我们的日程安排要求我们在 5 月 15 日星期六于新奥尔良逗留。我听过很多关于那个城市的故事——表演、美女、酒和赌博,这趟旅程一定将是美好的。"他的朋友说:"你打算怎么处理《圣经》?"他回答说:"如果《圣经》跟他们说的一样好,那我可能会在星期天待命。"(笑声)

现在跟上面的故事有几分相似,你们都要在星期天"待命",因为我正在开始我的演讲——迈向科学的证券分析。

经过本周精心设计并充满热情的活动,人们不禁会认为:证券分析师

㊀ 摘自《分析师杂志》1952 年 8 月刊,已获准重印。

和证券分析终于走向成熟并正开始真正拥有他们应有的"遗产"——尊严和权力。但是，目前的目标并不是要赞扬各个金融分析师协会取得的进步（着实令人印象深刻），而是召唤大家要进一步努力，以取得更大的成就。从大学时代开始，我就把歌德借奥雷斯特斯（Orestes）之口所说的那句话作为我最喜欢的座右铭：

> 已做的，微不足道，很快就会从向前的目光中消失。展望未来，仍有许多未竟之事。

我的主题是在近一年前选出的，但它恰好与上一期《分析师杂志》的主题不谋而合，后者致力于"科学对证券的影响"，重点放在科学在我们投资的各个行业中有什么影响。今晚我们的主题旨在将科学概念纳入证券分析本身的过程和结论中。我相信，没有人指望我能够阐述一个完整的、完全清晰的"证券分析的科学"。我的确做不到，正如我谦虚的标题所暗示的那样，你必须对这个领域快速浏览，并提出一些留给未来和你自己回答的问题，或许是有助于我的同事在我们"醉人的葡萄园"工作的一些建设性意见。我对此次演讲缺乏幽默而道歉。在这个领域中，似乎不可能同时具有娱乐性和一定的科学性。

科学的方法

正如 H. D. 沃尔夫在上期杂志上发表的论文《科学作为可靠的工具》中指出的那样，对各种事件的广泛观测和记录，种种理性与合理的理论或公式的建立，以及通过相当可靠的预测媒介对它们的验证，都包括在科学方法的各种因素里。在科学及准科学里，有各种各样的原则，因此建立在这些原则基础之上的各种预测，其性质因基础不同，相互间会有很大的不同。

拿这个麦克风来说，就是一个极端的例子：若电气工程师小心翼翼地装备好它，可以预测对着麦克风讲话声音会被立即放大。这个预测是准确的，验证这个预测也是即时和毋庸置疑的。在另一个极端，让我们用心理分析来举例，这个学科与我们自己的证券分析具有很大的可比性，有一些相似之处。这里的预测和验证则不太明确。一个外行为其家庭成员的心理分析治疗负担经费，他或许对于疾病的性质、这种治疗的方法和其疗效期及其可能治愈的程度诸如此类的细节很容易有点模糊不清。他唯一有可能准确预测的是每小时的治疗费用。在这两个极端例子之间的是精算学，在我看来，精算学与证券分析在科学性之间的联系相较其他学科更为紧密。人寿保险精算师会对死亡率、投资储备收益率以及影响费用和利润的因素进行预测，在很大程度上会基于仔细分析过去的经验，并考虑趋势和新因素而展开。在这些预测中，借助数学工具，他们为各种类型的保险制定了适当的保险费率表。对我们来说，关于他们的工作和结论最重要的不是个别事件，而是处理大量类似事件所可能有的总结。风险分散是精算学的关键。

因此，我们关于"科学的证券分析"的第一个实际问题是它是否具有精算学的特征，并以风险分散为基本要素。一个看似合理的答案可能是风险分散对于证券分析的某些类型和目标是必不可少的，而对其他类型和目标则不然。让我们对证券分析试图做的事情进行分类，看看风险分散的要素在每一个分类上是如何运用的。与此同时，对于在每一类中运用的科学方法和预测手段，我们或许会提出其他种种问题。

我建议将我们工作的最终成果分为四个如下大类：

1. 选择安全的有价证券，即债券类；
2. 选择价值被低估的证券；
3. 选择成长型有价证券，即有望比平均盈利能力增速快得多的普通股。
4. 选择"近期机会"，即选择股价有上涨前景的股票，在短期，比如说未来12个月里，涨幅有望超出平均水平的普通股。

上述分类不包括股票市场分析和基于此的预测。让我简要评论一下这一点。如果证券分析是科学的，那么它必须是独立的，而不是依靠市场技术分析。如果市场技术分析是有效的，那么我们就不需要进行证券分析了；如果市场技术分析的有效性不强，那么在进行证券分析时则不需要考虑技术分析。不过，以这样的态度对待很多著名分析师兴趣所在的活动领域，或许是有点傲慢了。将股票市场分析和证券分析相结合可能比单独进行证券分析更好，这本身至少是一个可以想象的命题，也许是一个看似合理的命题。但是，主张这一观点的人必须以明确和令人信服的方式向我们其他人证明。当然，迄今为止，已公布的记录微不足道，无法保证将两种分析方法结合在一起就科学了。

四大类

回到我们刚才归纳的四大类证券分析。选择安全性的债券和优先股虽然不是最激动人心的，但肯定是最令人看重的。这不仅仅因为其自身的重要性，还因为它们可以为我们的其他工作提供有用的类比和洞见。债券分析的重点在于发行人过去的业绩，通过对未来变化和风险持有保守观点并进行相应调整。它主要依赖的是安全边际，这种安全边际源于较小的债务金额与企业价值之比。同时，它还需要广泛的分散以确保得到具有代表性或总体平均的结果。这些观点使我们的金融机构在债券投资领域的实际做法成为一种相当科学的过程。事实上，债券投资现在似乎几乎是精算科学的一个分支。一个人买人寿保险，如果保额为1000美元、保费为35美元，这与用1000美元买长期债券、每年获得利息支付35美元，有一些有趣的相似之处（以及差异）。经过统计计算得到的35岁男性的死亡率约为4‰。可比较的"死亡率"可能适用于那些财务和经营状况较好的公司，以估计其高等级债券的投资风险。这样一个数字，比如0.5%，或许可以恰当地衡量最强公司的企业债券与美国政府债务之间的风险和收益率差异。

债券投资的科学程序

美国国家经济研究局和其他机构对公司债券进行了具有重大意义的研究,研究完成后有大量的统计数据和调查结果可供证券分析师使用,债券投资有了更多科学程序的特征。我一直认为我们职业的最大弱点是,我们虽然通过运用种种原理和技巧进行证券投资,但是不能对投资结果做真正广泛的记载。我们要求其他人提供大量统计数据,包含他们的运营业绩,但我们在编制与自己工作成果相关的公平与充分的统计数据方面远远落后了。稍后我将就此提出一个建议。

选择价值被低估的证券

选择价值被低估的证券出现在我所列名单的下一项中,因为它与投资安全性的债券或优先股存在逻辑关系。"安全边际"这个概念是上述两者共有的重要概念。如果分析师能够合理地确定整个企业的价值远高于其所持有证券的市场价格,那么普通股就会被低估。这与债券选择极为相似,也要求企业价值远远超过债务。但是,确定普通股被低估的回报当然是无比大的,因为在一般情况下,安全边际的全部或很大一部分最终被实现为利润,作为购买者确实理解被低估情形的回报。

在这方面,我想抛出一个广泛而具有挑战性的想法:从科学的角度来看,普通股可以整体被视为一种本质上被低估的证券形式。这一点源于个人风险与整体风险或群体风险之间的基本差异。人们坚持要求普通股相较于债券提供更高的股息收益率,甚至比盈利收益率还要高,因为平均来说一只普通股的损失风险无疑大于一只债券。然而,由于普通股整体上有一个很明确的上扬趋势或者说长期上升趋势,所以历史经验表明,一组经分散投资的股票,其风险损失并不一定比债券高。对于这一点,反过来我们也可以根据 20 世纪初以来国民经济的增长、未分配利润的再投资及较严重的净通货膨胀趋势加以说明。

火灾与意外保险费率

这里以火灾与意外保险费率做类比。人们愿意为火灾保险支付的保费是他们经精算确定的风险敞口金额的两倍，因为他们自己无法承担个人风险。出于类似的原因，普通股的整体回报率似乎至少是其真实总体风险所要求回报的两倍。这张图展示了一个有趣的关系[⊖]，显示自 1899 年以来道琼斯工业平均指数的走势，上线和下线均以每 10 年 1/3 的速度上涨。你将认识到这其实是美国储蓄债券（系列 E）实现的复合利率 2.90%。这意味着道琼斯指数的投资者获得了与储蓄债券相同的本金增长率（代替利息）。此外，道琼斯指数投资者还从所有的年度股息中获得了高于政府债券利率的超额收益。

我刚才阐述的推理过程，我认为从科学角度来看是合理的，但从心理角度而言是危险的，其有效性取决于股票市场维持债券收益率与股票市盈率之间的巨大差异。如果正如在 20 世纪 20 年代所发生的那样，这个观点被扭曲成普通股是有吸引力的投资的口号，那么无论它们被卖得多高，我们都会发现自己就像科学家一样开始，并以掉以轻心、时运不济的赌徒结束。大多数"正常"的牛市处于最高水平的特征是市场参与者将股票风险与债券风险等同，这可能是一种公平的概括。这些高估值确实可能在纯理论中有一些理由，但对于我们来说，作为执业分析师的重要一点是，当你为普通股支付全部价值时，你很有可能已经支付了太多对价，尤其当后来回头来看时。

⊖ 原书此处并未提供图。——译者注

个别被低估的证券

现在谈谈个别被低估的证券，我们发现自己对此更为熟悉。在此领域中，我们可以很方便地通过科学程序进行广泛观察，并以其结果验证预测或者假说。我们必须对价值被低估的原因做出解释。这些解释实际上是多种多样的，并且可以从所谓的"市场价格病理学"中获得。明显原因包括股息过低或收益暂时受挫，以及更为微妙和特殊的情况，例如资本结构中的普通股太多，甚至放在银行的现金过多。还包括许多其他原因，例如存在重大诉讼（带来的不确定性），或公司包括两个完全不同的业务组合，或者主要业务由已失去信誉的控股公司持有。

对价值被低估原因的理解

现在我们很容易理解价值被低估的原因，并无疑可以将其确定为一项普遍接受的科学研究。然而，我们仍然不太了解解决价值被低估的方法。在多大比例的情况下，被低估的价值得以修复？修正的方式或诱因是什么？这个过程需要多长时间？这些问题提醒我们关注那些我们一开始就提出的关于心理分析的问题。但我们知道，有一点非常重要，那就是在分散化的基础上购买被低估的普通股确实会持续产生有利可图的回报。这样我们就拥有了可以进行更加科学化研究的领域。在跨越多年的时期里，巧妙而系统地进行归纳性研究，几乎肯定是获益匪浅的。

选择成长股

证券分析的第三个目标是选择成长股。现在这个过程有多少科学性，它可能达到多大程度上的科学性？这是个难题。大多数成长型公司本身与技术进步密切相关，通过分析它们的股票，证券分析师也可以说是在尝试理解科学。在为期一周的议程里，在40多次对工厂的实地调研中，各位无疑会将重点放在新产品和新流程的发展上，而这些又将强烈影响你们对不同公司长期前景的判断。但在大多数情况下，这主要是定性分析方法。在此领域里的工作，如果不是建立在可靠的度量基础之上，也就是说，对未来盈利做特定或最小的推测以及根据以往经验以相当保守的特定比率或乘数把目标利润资本化，那么它还能是真正科学的吗？能否为未来的成长确定一个明确的价格：低于此价格来购买股票是合理的，高于此价格则过于昂贵了，或者在任何情况下都是在投机？预期增长未能实现的风险是什么？市场对有利前景的评估进行重大下调带来的风险是什么？在这些问题的可靠答案即将出现之前，必须在该领域中进行大量系统的研究。

科学化之前的股票投资

与此同时，我不得不说成长股投资仍处于科学化之前的阶段。与选择安全的债券或价值被低估的证券相比，成长股投资在更具吸引力的同时却更不精确。在成长股领域中，安全边际的概念失去了其他两类证券分析中的清晰度和重要性。确实，成长股里也有安全的投资机会，我们中的一些人甚至会声称除了成长股之外没有真正的安全。但这些听起来更像是口号而非科学系统阐述并评定的命题。同样，在成长股领域中，选股作为一个因素是如此突出，以至于将分散化置于次要因素，甚至是被质疑的位置。就好像可以把所有鸡蛋放入最好的或相对较好的篮子里那样，把所有的资金用于购买一只或几只成长股。于是，在证券分析的这一个分支里，统计的意识可以被忽略，而这种情况无疑妨碍了真正科学化的步骤与业绩。

反向关系

毫无疑问，成长股概念与价值被低估证券之间存在着天然反向的关系。成长性的吸引力恰如潮汐吸引力使得一片水域出现高潮而另一片水域出现低潮，使得被认为是高成长性的公司股价上扬而低成长性的公司股价下挫。从一定程度上，我们可以科学地衡量这种扭曲效应的影响，将不被市场青睐的公司的最低估值作为我们的标准。举例来说，让我们将这种方法应用于加利福尼亚州的三家公司。鲁斯兄弟是一家本地零售企业，其生意的特性使得其股价低于分析得到的公允价值，而基于同样的原因，高超石油公司和肯恩土地公司则被市场高估了。

最后，我来谈谈经纪公司和咨询公司的典型业务，即为客户推荐那些在短期之内股价会上涨的股票。通常的假设是，如果盈利水平将提高或股利将增加，则股价将上涨。所以，这些公司的业务过程主要是确认并推荐那些近期盈利水平或股利有所提升的公司。众所周知，这项工作会遇到三个基本的风险：预期的改善并未发生；股票的现价已将未来的改善反映在价格内了；出于某些其他原因或不为人知的原因，股价并未按照想象的方向变动。

寻找自我评估

我的结论和一项具体的提议是：证券分析现已达到了可以通过已有的统计工具进行持续不断的寻找自我评估的阶段。我们应当搜集大量证券分析师的研究与推荐，根据其目标不同进行分类（也就是前面建议的四大类），然后尽量判断其准确率和成功率。做此记录的目的并不是要找出哪些人是优秀的证券分析师、哪些人是差劲的证券分析师，而是要甄别出哪些方法和途径是明智有效的，哪些不能经受住实践的检验。

6年前我用"苦思者"的笔名把包含这一提议的文章发表在了《分析师杂志》上。那时我写道:"如果分析师个人和集体的研究分析与股票推荐始终缺乏合理的定义和检验,那么证券分析不大可能发展成为一个专业性的职业。"纽约证券分析师协会现正初步采取正确的做法,以建立评级制度或头衔,授予达到特定要求的证券分析师。这一举措几乎肯定将使本行业最终发展到极其专业化的程度。全国联合会及其下属的各协会开始系统地积累历史案例的时机已经成熟,这样之前证券分析师所拥有的持续不断、不断增长的知识和技术,才可能被传递给未来的证券分析师。

在这项工作顺利推进后,希望我们可以谦逊地说:证券分析开始成为一门科学。

| 第 8 章 |

在美国参议院银行和货币委员会的证词：
影响股票买卖的因素[一]

第 84 届国会第一次会议，1955 年 3 月 11 日，星期五

主　　席：下一位证人是纽约的格雷厄姆 - 纽曼公司的董事长兼总裁本杰明·格雷厄姆先生。格雷厄姆先生，我们很高兴今天早上您能来，并期待听到您的证词。您是否愿意朗读您的陈述稿或者您更愿意总结一下？

格雷厄姆：可以，我先总结陈述。

主　　席：好的。

格雷厄姆：但我首先要做一个更正。

主　　席：好的。

格雷厄姆：需要更正的是，我不是格雷厄姆 - 纽曼公司的总裁，我只是董事会主席。另外补充说明一下，我还是美国政府雇员保险公司（GEICO）的董事会主席。相较于杰纳勒尔·伍德的好事达保险公司（Allstate Insurance Co.），GEICO 的规模虽然较小，但

[一] 摘自《股票市场研究》（*Stock Market Study*），根据美国参议院货币和银行委员会于第 84 届国会第一次会议（1955 年 3 月 11 日）举行的关于影响股票买卖因素的听证会整理而成，包括格雷厄姆 - 纽曼公司的董事长格雷厄姆的证词，由美国政府出版局提供。

是有力的竞争者，我们还模仿了西尔斯－罗巴克公司的利润分享计划。

在以下的陈述中，我准备讲三个问题：首先是从价格与价值的关系来看待当前股票的价格；其次是1953年9月以来股票价格上涨的原因；最后是在未来可用于控制过度投机的可行方法。

关于当前的股价水平问题，我的研究得出的观察是，领先的工业股基本上没有被高估，但它们的估值也绝对不低；价格正处于一种有可能变得高得离谱的危险之中。

进一步说明，当我在陈述中说明领先的工业股价格时，我已经准备接受来自各方的批评，他们可能会提醒我没有考虑到股票市场由上千种股票组成且每种股票会有不同的价格走势和模式。而事实上最近几年市场走势逐渐趋同，市场模式的演化已经反映在各股票的市场价格上，不论是表现好的股票还是表现次好的股票。

关于自1953年9月市场价格上涨的原因，我认为应该是投资和投机情绪的变化，而不是经济基本面因素的变化。进而我想指出，依靠预测市场情绪变好是极其危险的，因为市场在情绪变好之后可能就会变差。

最后，关于控制未来过度投机的可行方法，我赞同美联储在投机活动增加时提高保证金要求的做法。一般来说，融资、融券去投机对一般大众而言是昂贵的，只有对于拥有丰富经验和足够能力的人来说，这么做才是合理的。

除了上述三个问题，如果看起来有必要暂时在一段时间内增加市场的股票供给，我觉得暂时性的修改资本利得税是值得考虑的。

我想在这里先不讨论过于细节的地方，可以先开始回答各位的问题。

主　　席：谢谢您，格雷厄姆先生。就您自己的公司而言，你们是否投资在市场上具有代表性的最佳股票，或者用其他思想来指导你们的投资？

格雷厄姆：不，我们还没买过市场上所谓的最佳股票。我们的投资风格具有独特的性质。我们着重投资那些价格低于其内在价值（intrinsic value）的股票，利用大家所了解的所谓"特殊事件（special situation）投资"。

主　　席：您能否用通俗的语言为我们描述一下吗？您是在与一个委员会交流，而其成员对投资知之甚少。您是否能具体讲一下什么是"特殊事件"，以及您如何利用"特殊事件"？您又是如何判断在一个"特殊事件"中，股票的价值是否被低估？

格雷厄姆：在证券被高估和"特殊事件"之间存在一个细微的差别，下面我将把这个差别解释一下。

首先，谈谈华尔街所认为的"特殊事件"。它指的是被研究的股票存在价值提升的可能，究其原因与一般意义上的市场价格变动无关，而与公司的发展有关。这些事件可以是资本结构调整（recapitalization），或企业重组（reorganization）、合并（merger）等。

举例来说，"特殊事件"的一个典型例子就是一家公司被托管并进行企业重组。因为公司被托管，所以其市场价格低于内在价值。当企业重组完成时，其合理的价值也就确立起来了，因此持有该公司股票通常能获得可观的正回报。市场上类似这样的还有不少，比如公用事业公司拆分就是一个有趣的例子。由于投资大众并不喜欢公用事业类的公司，所以这些公司的股价通常低于它们所持有的成员公司价值之和。于是，当这类公用事业公司被拆分后，市场给予其昔日成员公司的总估值就会大大超过之前的控股公司。

至于一般意义上非"特殊事件"情况下的股票价值被低估，是基于一系列证券分析而得出的结论，通过研究公司的资产负债表和利润表而判断其股票的市场价格是否低于内在价值，也可以理解为市场给予公司的价格是否低于假如公司未上市的情况下对其所有者的价值。

主　　席：您如何评估管理层？

格雷厄姆：在评估一家行业领先公司的股票价格影响因素时，管理层是最重要的因素之一，当然管理层对处于第二梯队公司的股票价格也具有重大影响。然而，对于后者类型的公司，管理层不太可能长期影响一家公司的价值，因为如果管理层的水平落后，就会有市场力量促使其提高管理水平，从而提高公司价值。

主　　席：当你做"特殊事件"投资且买入了大量股权时，你们是否通常要取得公司的控股权？

格雷厄姆：不，这是极其例外的情况。我想说的是在最近几年我们投资的约400家公司之中，只有四五家公司我们有兴趣取得控股权。

主　　席：您的意思是如果您认为管理层不行，您就会取得控制股，是吗？我的意思是，至少管理层差劲是取得控股权的主要原因之一。

格雷厄姆：这可以是我们寻求控股权的原因之一，希望我们能够提升管理水平。

主　　席：您是如何取得大仓位的股票而不引起市场价格大幅波动的？您是以自己的名义或者是通过其他什么方法取得股票的？

格雷厄姆：有两种方法。一种方法是在公开市场上持续买入该股票，另一种方法是出标购买一定数量或不限定数量的股票。后者需要披露给公众，所有的股票持有者都有机会决定是否接受这个价格以向我们出售股票。

主　　席：我假设您专注于"特殊事件"风格的投资。您经过仔细分析和做大量工作后，认定某股票的价值是被低估了，这是一个不错的"特殊事件"投资机会。由于您开始在市场上买入股票，暴露了您对这家公司的兴趣，于是每个人都知道您在做什么。您具体是怎么做的呢？

格雷厄姆：我们的兴趣与动机被市场广为人知，这种情况有可能发生，但并不多见。我可以给你举个例子。参议员先生，在我所著的《聪明的投资者》中，我举了一个股票价值被低估的例子。北太平洋铁路公司的股票在我第一次分析时价格为 20 美元，后来跌到 14 美元。我们决定买入一大笔该股票，这是在经过好几次分析该公司的财务报表后，才确信我们应该买入该公司的股票。我们走在市场前头买了 5 万股而对市场价格几乎没什么影响。

主　　席：该公司一共有多少股？

格雷厄姆：合计约 250 万股。

主　　席：这是一家相当大的公司了。

格雷厄姆：是的。但对我们来说这是很大一笔投资了。在其他一些例子中，公司股票流通量相对小一些的时候，通过公开市场买入股票不太可行。在这种情况下，通常的方法是出标购买，即通过半公开的方式获得股票。

主　　席：对于"特殊事件"投资，你们并不试图隐藏自己的兴趣？也没有通过信托公司或者其他账户打掩护？

格雷厄姆：在大部分买入股票的交易里，我们绝大部分的交易都跟其他市场参与者一样通过经纪商进行，经纪商代表我们去交易，因此我们并没有特意去隐藏什么。

主　　席：据您所知，市场上是不是有很多买入股票时隐藏自己的例子？

格雷厄姆：我想您可能是指从公开市场上取得公司股票的情况。事实上只要通过公开市场买入股票，都有不同程度的隐藏。我的意思是，没有人会公开宣布他或者他的公司正在买入某公司的股票。从商业角度来看，低调一些是明智的。有时流言四处散播，但通常是非官方的。有一些情况，但相对来说数量较小，就是获得公司的股票是通过声誉好的银行或信托公司来实现的，在这种情况下购买者的名字是不公开的；在其他情况下，购买者的名字都是公开的。

主　　席：我们曾收到公布购买者身份的建议，但我不知道现在具体的流程是什么样的，无论你们是否曾经这样做过，你能否描述一下如何在取得公司控制权的同时而又不泄露身份？不必一定是你们自己的案例。其他人是如何做到的？

格雷厄姆：除了在公开市场上取得公司控制权这一方法之外，就是我前面所说的惯常方法，即让一家银行或信托公司跟股东直接沟通，出一个高于市场价的价格来买入股票，同时说明是代表信托公司的客户来购买股票，但不透露客户的身份。

主　　席：是不是在股票交易中没有权利要求购买股票的信托公司公布信托人？他们无须说"我们为琼斯先生或史密斯先生购买股票"。

格雷厄姆：是的。很明显，无须披露。

主　　席：于是这就成了一种常用的方法，找一家不小的公司作为代理人代表你们在市场上进行股票买卖，这样就没有人知道你们的信息。

格雷厄姆：是的。但不是找信托公司，而是找证券经纪公司（brokerage firm）。

主　　席：经纪公司是否必须说出它的客户？

格雷厄姆：不用，其实这是华尔街经纪人与客户之间关系的基本准则之一——不披露客户的身份，除非是有关当局有合法的理由进行调查的情况。

主　　席：是的，这确实是一个重要的例外。委托信托公司购买股票的情况又怎样呢？如果大通国家银行购买股票，而交易所的主席向它询问是代表谁在购买股票，大通国家银行会在这种情况下披露客户的身份吗？对于证券经纪公司呢？

格雷厄姆：纽约证券交易所主席的询问对交易所成员之外的任何人都没有约束力。

主　　席：这确实是个重要的不同。通过经纪公司购买股票，证券交易所的主席能够了解到背后受益人的信息；通过信托公司，证券交易所主席则没有这样的权力，是这样吗？

格雷厄姆：对于证券交易所的主席来讲，确实如此。

主　　席：谁有这样的权力呢，是美国证券交易委员会（SEC）吗？

格雷厄姆：我不确定证券交易所的章程是否授权其主席能够询问经纪公司关于它们客户的身份或交易情况，但我可以肯定的是在证券交易所调查诸如市场操纵的事件时，上述信息是可以询问，且被询问者必须如实提供有关情况。

主　　席：我理解，如果证券交易所针对其成员进行纪律处分相关的工作时，它有权力去询问一些情况，但我不是非常肯定。

格雷厄姆：我想是这样吧，但我也不确定。

主　　席：假设现在有一场争夺公司控制权的战争。希望继续拥有公司的股东会想知道他们是应该投入战斗还是卖出股票，于是在这种情况下，争夺控制权这一方的身份对他们来说是极其重要的，是这样吗？

格雷厄姆：如果您提到的控制权之争指的是委托书争夺战（proxy battle），那么通过获得其他小股东支持①这一方的身份是十分重要的，代理投票规则要求完全披露其身份信息。而对于股票买卖，那是完全不同的另一回事，股票市场交易规则允许匿名买卖。如果每次买卖交易者都要公开身份，那么对于很多人而言，都会觉得有一点尴尬。

主　　席：当然，后面提到的这类公开市场交易，交易者的身份并不被披露。但无论何时，一旦面临调查，是否都需要披露？还是也有例外？

格雷厄姆：据我所知，可以披露购买者身份的情形被限制在很小的范围内，即仅限于犯罪活动。在我的记忆里，从没有正常交易里的买家身份被公开，即使监管当局知道其身份。

主　　席：您还记得劳伦斯·波特兰水泥公司吗？您是否曾经试图获得该公司的控股权？

格雷厄姆：是的，我们联系了当时的第一大股东或是第二大股东，出价购买他们一定数量的股票。

主　　席：最后结果如何？

格雷厄姆：没有成功。市场价格后来高出了我们的出价，结果，我们一股也没买到。

主　　席：您是否认为那些人知道了您的意图而且也信服您的判断，因此在您想取得控股权之前，股票价格便开始上涨了？

格雷厄姆：恰恰相反，事实上是公司自己入市，导致了其股价上涨并超过了我们的出价。

主　　席：我不知道如果你们的操作成功了会如何，难道你们不能从公开市场上买到这个数量的股票吗？

---

① 即取得委托书授权，进而在股东大会通过或否决相关提案。——译者注

格雷厄姆：做不到，所以我们向股东提出以高于当时市价的要约全面收购公司的股票。

主　　席：你们的出价是多少？

格雷厄姆：我想是每股 26 美元。

主　　席：大约在什么时候？

格雷厄姆：大概是 4 年以前。

主　　席：现在的价格是多少？

格雷厄姆：我不知道。

主　　席：在这期间是否有过拆股？

格雷厄姆：是的，而且公司的名字也改了。

主　　席：现在公司名称是什么？

格雷厄姆：神龙波特兰水泥公司。

主　　席：有人告诉我，如果考虑拆股的因素，现在每股约合 130 美元，这证明了您当初的判断是正确的。

格雷厄姆：是啊，我也希望当时我们能顺利地买入股票，只可惜事与愿违。

主　　席：你们真的一股也没买到？

格雷厄姆：没有买到。因为我们要约出价购买股票有一定的时间限制。我们以高于当时的市价向股东要约收购股票，原以为能买到足够多的股票。但是，正如前面所述，公司管理层不希望我们要约收购成功，于是介入市场，把价格推高了，从而使得自家公司的股票价格高于我们提供的要约收购价。结果是，股东自然不会向我们出售股票，我们的方案彻底失败了。

主　　席：我想确认下，您是否愿意继续讨论这些详细的个案？

格雷厄姆：讨论这些个案对于我而言没什么问题，只是我不知道向您介绍到什么程度才会对委员会比较有用。如果对委员会有帮助，我当然不反对继续讨论下去。

主　　席：我只是不希望讨论个案会使你尴尬。您所说的一切，我已经完全了解。我们已经请了很多人来讨论一般性的原则，但没有一个人是我们所认为的市场上活跃的交易商，我的理解没错吧？

格雷厄姆：我们通常不认为自己是交易商。从技术角度来说，您也可以这样称呼我们。

主　　席：我想要做的是向大家解释市场交易者所共同遵守的程序。如果您不介意涉及您参与的个案，我将继续刚才的探讨。

格雷厄姆：我对讨论个案完全不介意。我们一直为我们公司的成就而骄傲。

主　　席：我认为在神龙波特兰水泥公司的案例上，你有点不愿意做更进一步的讨论。

格雷厄姆：我不是一条不情愿与您分享的"神龙"，参议员先生。因为我对于这个案例的一些具体细节，确实想不起来了，而我个人在这个案子的投资上也确实不是实际负责的人。

主　　席：您能否提供其他类似取得公司控制权的案例？

格雷厄姆：您的意思是类似于罗伦斯的那个例子？

主　　席：是的。

格雷厄姆：最近就有一个。

主　　席：是什么？

格雷厄姆：让我回忆一下。我记得是一家位于波士顿的信托公司。

主　　席：是大西洋海湾－西印度群岛蒸汽船公司吗？

格雷厄姆：不是，这家公司的情况有所不同。您问的是我们亲身经历且取得公司控制权的案例。大西洋海湾－西印度群岛蒸汽船公司完全是另外一回事。当时我们和该公司的大股东达成了购买股票的协议以购买他所持有的大部分股票，同时以同样的价格向市场上的其他股东收购，这一收购价格远高于当时的市场价格。

主　　席：直接与这些股东谈判吗？

格雷厄姆：协议是和最大股东达成的，只是以同样的条件延伸适用于其他股东。

主　　席：是直接与股东磋商吗？

格雷厄姆：是的。

主　　席：成功了吗？

格雷厄姆：成功了。

主　　席：在这个案例中，您完全没有使用中介机构？

格雷厄姆：没有。是以我们自己的名义。我个人认为这与前面案例的区别是，当时我们已经着手安排购进大量股票，这个应该有案可查，实际上也有案可查。

主　　席：所以您认为这是一种成功获得公司控制权的方法？

格雷厄姆：没错，一开始就通过谈判来收购股票是一种可取的方法。

主　　席：您认为从公众的角度来看，匿名买卖股票是否存在严重问题，尤其对于取得公司控股权的案例，是否会对公众利益造成损失？

格雷厄姆：参议员先生，在过去的40年里，我一直关注这个问题。无论收购者的身份是否被披露，我都想不到在一个要约收购控制权的案例里公众利益被侵害了。实际上，事实却恰恰相反，每当要约收购发生时，公众都会从中受益，因为如果被要约收购，公众持有的股票价格就会上涨，与没有要约收购的情况相比，价格要高很多。

主　　席：您认为这里面的程序没有任何问题？我不是与您争辩，只是想了解您的看法。

格雷厄姆：参议员先生，我曾经有很长一段时间在考虑这个问题，对我来说，问题的核心点应该是从公众的角度出发，不应该阻止那些对公众而言出价高于市价的要约收购。

主　　席：你们公司是开放型还是封闭型的基金？

格雷厄姆：从技术上来说，我们应该属于开放型基金，但实际上是封闭型的。对于此，请让我来解释一下。

主　　席：我非常乐意倾听您的解释。

格雷厄姆：我们是根据《1940年投资公司法》注册的开放型基金公司，这意味着当客户向我们出售基金的份额时，我们有义务按基金的资产净值回购这些基金份额。然而多年来还没有人向我们要求回购他们持有的基金份额。我们公司的基金份额一直以远高于其资产净值的价格交易。而且我们也从没有向公众出售我们的基金份额，多年来也没有进行新的募资，所以实际上我们就像封闭型基金一样运营，对于封闭型基金，投资的资本是固定的。

主　　席：你们公司的股本是多少？这些是商业秘密吗？

格雷厄姆：不，这些情况在什么时候也算不上秘密，我们的这些数字早已公开，在证券交易委员会也有备案：我们发行了5000份额，每个份额按净资产价值计算大约价值1100美元，不过市场价格远高于此。

主　　席：市场价格比净资产价值要高吗？

格雷厄姆：是的。

主　　席：但你们公司的份额很少被交易，是吗？

格雷厄姆：事实如此，交易次数很少，而且大部分的份额持有者会持有一两年。

主　　席：你们公司是在什么时候成立的？

格雷厄姆：公司于1936年注册，前身是一只于1926年成立的基金。

主　　席：您认为你们公司的巨大成功主要归功于什么？

格雷厄姆：主席，您这个问题的前提是我们公司取得了巨大成功？

主　　席：难道您不认为你们取得了成功？

格雷厄姆： 我想我应该承认，但我不想在解释你的问题时理所当然地自认为我们公司取得了成功。

主　　席： 我是十分认真、负责地说你们明显取得了成功。

格雷厄姆： 我想我们成功的原因应该是我们建立了一套买卖证券的规则，而且在各种市场上进行投资时一直遵守这些规则。

主　　席： 我理解的是一般人买不到你们公司的份额，是吗？

格雷厄姆： 是的，他们无法买入大量的份额，但可以在场外交易市场里买入少量份额。

主　　席： 你们基金的份额在场外交易？

格雷厄姆： 是的，先生。

主　　席： 价格是1100美元吗？

格雷厄姆： 我想现在是1250～1300美元。

主　　席： 高于净资产？

格雷厄姆： 是的，先生。

主　　席： 对于开放型基金，其份额的价格通常高于净资产吗？

格雷厄姆： 对于任何一家投资公司来说，份额的价格高于净资产都是不正常的。但在实际情况里，份额的价格高于净资产的例子的确有很多。最著名的例子就是雷曼公司（Lehman Corp），在相当长的一段时间内，其份额的价格一直高于净资产，但这是一家封闭型投资基金。对于一家开放型投资基金，只要向公众出售份额，就不可能一直溢价销售，这是很明显的道理。在某些情况下，一些公司比如道富投资执行着与我们类似的政策，很少向公众出售份额，所以其价格一直高于净资产价值。

主　　席： 是您个人控制着您的公司吗？

格雷厄姆： 不，我只是个小股东。

主　　席： 是吗？

格雷厄姆：是的，先生。

主　　席：是您的家族控制着公司？

格雷厄姆：不，我的家族也只拥有很小一部分股票。

主　　席：那么您的公司是被个人或某一家族控制的，还是股票均匀分布在各个股东手中？

格雷厄姆：股票分布相对比较均匀，目前是由一个与我们没有任何关系的家族代表绝大多数的股东管理着公司。

主　　席：如果有股东希望赎回份额，他们能要求得到多少？

格雷厄姆：份额对应的净资产价值。

主　　席：当然，他们不会向你们赎回。如果向市场出售，他们会得到更大的回报吗？

格雷厄姆：实际如此，这些年我们没有回购任何份额。

主　　席：是您亲手创办了这家投资公司吗？是什么动机促使您来创办这家公司的？

格雷厄姆：是我亲手创办的。我于1914年进入经纪商这个行业，成为一家股票交易公司的初级职员。1923年，我觉得正确的投资原则一定会取得成功，于是就成立了一个非公开募集的基金，并于1926年做了一些调整。

主　　席：什么是非公开募集的基金？

格雷厄姆：非公开募集的基金就是不通过广告、印刷信函或其他方式向公众出售基金份额，只有那些被允许参与或被邀请参加的朋友才能认购基金份额。

主　　席：公司有多大？

格雷厄姆：开始时资产大约有50万美元。

主　　席：这50万美元全是您和朋友的？

格雷厄姆：是的，先生，而且我的那部分份额相当小，因为那时我没有钱。

主　　席：于是您开始投资股票，对吗？

格雷厄姆：不仅仅是股票，还有债券。

主　　席：如果您不介意的话，我很有兴趣了解你们公司的发展历程。

格雷厄姆：完全可以，只要您认为这个话题对你们有价值。

主　　席：当然有价值，因为我们想要对信托公司的发展有点直观上的认识。当然，我也不想使您为难，如果您认为您的回答将使您与对手竞争时处于不利地位，您可以不回答。

格雷厄姆：当然不为难，参议员先生。我已经多次被批评分享了我们公司的过多秘密，我写了很多书，在这些书中已经把一切说得很清楚了。

主　　席：我对您在 1932 年的经历特别感兴趣，您能否讲一讲？

格雷厄姆：那是我们经历的最困难时期。

主　　席：您以 50 万美元起家，到 1929 年时是多少呢？

格雷厄姆：那时，我们相当成功，1929 年年初基金的价值增长到了 250 万美元。

主　　席：我理解为全部是股票？

格雷厄姆：包括股票和债券。

主　　席：1929 年您做了什么？

格雷厄姆：1929 年我们蒙受了损失。

主　　席：是很大的损失吗？你们是因为市场下跌而赔钱，还是之前预见到了这种情况？

格雷厄姆：仅就 1929 年而言，我们做的还是相当成功的。真正的困难是在 1930 年和 1931 年，那时市场持续下跌，跌幅超过了我们所预期的很多。我们预料到 1929 年股票下跌，而我们的资产也遭遇了缩水，虽远没有通用伍德的养老基金缩水得厉害，但也跌去很多。对于 1929 年持有我们基金份额的投资者而言，他们直到 1936 年才回本。

主　　席：您刚才说在组织形式上进行过调整，那么你们是在什么时候成为一家注册的投资公司的？

格雷厄姆：大约是在《1940 年投资公司法》通过之后，我们于 1941 年注册成为一家投资公司。

主　　席：那 1936 年呢？又有过什么调整？

格雷厄姆：由于一些特殊原因，我们成立了一家公司，而之前我们是一家合伙性质的企业，各个合伙人基于自己在合伙企业里的份额获得相应的投资回报并承担相应的税负。

主　　席：每一个基金的参与者都是如此？

格雷厄姆：没错，基于他们自己在合伙企业的份额相对应的投资成果。但是，在 1936 年我们调整之前，财政部认为我们是一个公司性质的应税实体。于是我们开始考虑我们的处境以及我们是不是家公司。我们的顾问建议，"你们最好成立一家公司，一劳永逸地解决问题，否则财政部总能用别的方法来找茬"。

主　　席：这家公司就是您原来的一群朋友组成的公司？

格雷厄姆：是的。

主　　席：1936 年成立公司时，还是完全由以前的那些人参与？

格雷厄姆：由于私人原因，有一些增加，因为 1936 年相较于 1923 年，我有更多的朋友。

主　　席：您是在什么时候认识这些新朋友的，萧条时期吗？

格雷厄姆：在经济开始萧条以后认识的新朋友并不多。

主　　席：我们继续讨论，你们在 1936 年成立公司，1941 年注册成为投资公司，那么你们什么时候向公众出售你们的份额，或者没有出售过？您刚才说有 5000 份额，是吗？

格雷厄姆：是的。一开始我们是出售了许多份额，大约有 50 000 份，每份

额的票面价值为 100 美元。[注]

主　　席：什么时候出售的？

格雷厄姆：我们是按一定顺序的，先向已有的投资者出售，然后面向新投资者，资本增至 500 万美元，总计 5 万份，每份额 100 美元。但我们发现一个问题，这个问题也许会引起您的兴趣，参议员先生，我们有许多只持有 1 份额的投资者，许多我们从来未听说过的人来投资 1 份额，然后获得我们的报表，从中了解我们正在做什么，从而可以模仿和跟随我们。为了对付这种情况，我们对发行的份额进行了反向拆分，我们发行新的份额，以 1 份额置换回原来的 10 份额，从而提高了每份额的价值，市场价为 1200～1300 美元。从那时开始，持有 1 份额的投资者大大减少了。

主　　席：您管理投资公司是怎么收费的呢？您是投资公司的管理者，对吗？

格雷厄姆：我只是三个管理者之一。其他两位分别是杰罗姆·A.纽曼先生（Mr. Jerome A. Newman），他自 1927 年以来就是我的合伙人，另一位是他的儿子霍华德·A.纽曼先生（Mr. Howard A. Newman）。

主　　席：你们的收费情况是公开信息吗？

格雷厄姆：是的，我们的收费项目包括薪水为 25 000 美元和 15 000 美元。另外，我们还有额外利润分成计划，在每个投资份额分到 40 美元红利之后，管理者作为一个整体可从额外回报中抽取 20%。

主　　席：你们的收入大部分是资本利得吗？

格雷厄姆：是的，相当大一部分是资本利得。实际上，可以说几乎全部都是。

[注] 后面提到对 50 000 进行了反向拆分，之后是 5000 份。——译者注

主　　席：我不是有意引诱您说出您的收入情况。我只是想了解一下，如果您不想说或者不想讨论下去，尤其是对于您的收入，我也就不再继续问下去。我只是想说您是一位典型的成功人士，如果您不介意回答，我希望您能畅所欲言。

格雷厄姆：就此我想说明两点。首先，对于我们基金投资者所知晓的一切关于基金的信息，我都将据实相告；其次，可能有一个误解，那就是我们并不是成功公司的典型管理者。我们的薪酬方案是不同寻常的。

主　　席：我也想澄清一下您提到的误解，您能站在这里就说明了你们是成功的，为什么不是典型的呢？我想听您描述一下你们的收入分配情况。

格雷厄姆：区别首先在于我们的薪酬方案比其他投资基金的方案要慷慨一些。对于超额收益，我们可以获得20%，这是一个相当大的比例。

主　　席：但据您刚才所讲，获得超额收益的门槛是每份额40美元红利，这让我感觉是一个很高的分红比例。

格雷厄姆：这只是基础红利，去年我们的红利是每份额340美元。

主　　席：这比通用汽车的股利都要好。

格雷厄姆：这里我想说清楚两件事。一是我们的薪酬方案在达成条件上比标准的报酬方案要宽松。二是我们的投资者认为我们应该获得这样的报酬，因为在扣除我们的报酬之后，回报给投资者的收益仍然很不错。

主　　席：当然，我知道您肯定有这样优异的成绩，否则就不会站在这里了。我曾经试图对投资行业有一个大概的理解，今天您帮我理解了许多原来我不了解的地方。您能否就您的薪酬情况与其他知名公司的薪酬方案之间的区别做进一步的说明？如果您能就此说明并被记录在会议记录里，我将非常感谢。

格雷厄姆：当然没问题。我们与其他典型投资基金之间的区别是巨大的。我们就以最大的投资基金为例，即麻省投资信托（Massachusetts Investors Trust）来说明其中的差别。

主　席：好的。

格雷厄姆：他们的资本可能是我们的 100 倍，而他们的费用开支远小于我们开支的 100 倍。他们的费用开支就管理资产规模的百分比而言，是非常小的。管理人员的薪酬大约为管理资产规模的 0.25%。

主　席：等一下，是管理资产规模的 0.25% 还是回报的 0.25%？

格雷厄姆：是管理资产规模。

主　席：是每年吗？仅为 0.25%？

格雷厄姆：实际上我可能说高了，现在恐怕都达不到这个比例。过去有一段时间是这个比例，但我想现在的比例更小了。随着管理资产规模的上升，他们的薪酬所占资产规模的比例越来越小了。坦率地说，我不应就此讨论太多，因为对此我的理解也不算完整，但我知道他们的报酬与他们所管理的资产规模相比是微乎其微的。

主　席：你们基金管理者的报酬占管理资产规模的比例是多少？您能以可比的指标描述一下吗？有 1% 吗？

格雷厄姆：让我们这样计算，在过去的许多年中，在支付管理者报酬之前，我们的资本回报率大约为每年 20%。在这其中 3% 被支付给管理者作为报酬，剩下的 17% 被分给投资者。

主　席：利润的 3%？

格雷厄姆：不，是管理资产规模的 3%，来自我们基于管理资产规模取得的 20% 回报。

主　席：我还是不明白，您每年为所管理的资本获得 20% 的回报，对吗？

格雷厄姆：就平均水平而言应该是。

主　　席：在这 20% 的回报中，管理者获得了多少比例？

格雷厄姆：我们得到了 15%，因为首先要扣除 4%。

主　　席：是回报的 15%？[注]

格雷厄姆：是的。

主　　席：我明白了。

格雷厄姆：不是 20% 里的 15%，而是创造的 20% 利润的 15%。

主　　席：剩下的是 85% 是分给投资者的？

格雷厄姆：是的。

主　　席：我明白了。我想提一个可能有些愚蠢的问题，这些数字换算成每年占管理资产规模的比例是多少？

格雷厄姆：我给你的数字都是占管理资产规模的比例。

主　　席：不，那是占回报的比例。

格雷厄姆：首先，我们基于管理资产规模获得的回报为 20%，作为典型的投资回报，投资者得到基于他们投资的 17% 的回报，我们的回报约为管理资产规模的 3%。

主　　席：我懂了，而对于普通的投资公司，我想管理者的薪酬应该低于管理资产规模的 1%，对吗？

格雷厄姆：是的，情况确定如此。

主　　席：你们的薪酬是 3 倍于行业报酬的平均水平，甚至更多？

格雷厄姆：是的。

主　　席：我认为这是您应得到的回报，因为您的工作比他们更加卓有成效，这个没错吧？

格雷厄姆：我们自然是笃信这一点，我们的投资者也相信这一点。

○ 回报 20% 扣除 4% 的门槛红利得到 16%，基于 16% 提取 20% 的超额回报分成，即 16%×20%=3.2%，投资者得到 16.8%，管理者得到 3.2%，占回报 20% 的比例为 16%，格雷厄姆提到的 15% 是大概的数字。——译者注

主　　席：我认为您取得如此大的成就是因为采用了一种独特的投资策略，而那些大基金并不去寻找"特殊事件"（special situations）。它们进入市场只是投资一些"大路货"，比如蓝筹股、债券之类的证券。事实是这样的吗？

格雷厄姆：通常情况下是这样的，但也不完全是，一些大基金尤其像雷曼公司一直对"特殊事件"有很浓厚的兴趣，它们把一部分的资本（但绝不是大部分）投资于这方面。

主　　席：您刚才提到是"大"基金，雷曼公司的资本有多少？

格雷厄姆：大约超过1亿美元。

主　　席：是资产管理规模吗？

格雷厄姆：是按现在市场价值估算的。

主　　席：与你们相比，怎么样呢？

格雷厄姆：我们的规模约为650万美元。

主　　席：是根据现在市场价格估算的规模，而不是原始投资金额，对吗？

格雷厄姆：是的。我们把取得的回报全部分派给了投资者。所以从某种意义上来说，我们的现值与当初投资者投入的资本额差别不大。

主　　席：你们没有寻求增加管理资产规模，我理解了。这对于你们而言有什么特殊的理由吗？

格雷厄姆：最本质的原因，参议员先生，是我们不相信自己在管理大规模资金的情况下能够取得像现在管理中小型基金一样令人满意的投资回报。

主　　席：为什么呢？

格雷厄姆：由于在利用"特殊事件"和股票的价值被低估时，涉及公司的市值通常都不是很大。在管理大型基金时，不太可能在不影响市场价格的情况下无限制地买入股票，如果管理现在10倍规模的资本，我们将很难用现在的策略来投资。

主　　席：在阿肯色州，也就是我的家乡，有一个人也做价值低估方面的股票投资，他也许会跟你讨论这方面的问题。

格雷厄姆：参议员先生，对各种建议我们一直敞开大门。

主　　席：我记得在之前的陈述里，您说除非市场价格已经太高或者太低，否则您也无法判断太高或者太低。我理解您的意思是当前时期需要谨慎从事，您不会现在入市再购进股票。

格雷厄姆：我们可以这样说，参议员先生，从定量的角度来说，市场看上去还算正常，但从定性的角度来说，我认为价格已经处于一个比较高的状态，正在进入危险的境地。

主　　席：我认为，这是一个容易理解的观点。但您还是应该用通俗的语言来解释一下。如果是正常的话，是不是意味着不可能猛涨或猛跌？意味着处于正中心？

格雷厄姆：正好相反，参议员先生，现在是正常的，但极有可能出现意外，也许就在一年后。

主　　席：我想您是在讲价格、盈利与回报之间的关系应该处于一个既不算被高估也不算被低估的位置，是吗？

格雷厄姆：对于大部分具有代表性的股票而言，这是正确的。

主　　席：但总会有例外？

格雷厄姆：是的。

主　　席：我刚才并不是在表述我的观点，我重述一遍只是为了理解您所表达的意思。对于股票市场价格过高过低，我没有概念。我只是换一种表达方式，帮助我理解您的想法。您是否注意到昨天加尔布雷思先生的证词？关于当前市场和投机者已经脱离现实的趋势，以及市场对资本利得有着过多的狂热，您是否注意到了这个证词？

格雷厄姆：是的，当然。

主　　席：您同意加尔布雷思先生的观点吗？

格雷厄姆：是的，在一般情况下，我同意加尔布雷思先生的观点。

主　　席：这非常有趣。因为加尔布雷思先生是一个纯学术的研究人员，而您是实务派，但你们在这个问题上有着一致的观点。

格雷厄姆：参议员先生，我想声明一下，我也是学术领域的一员。

主　　席：我不知道这一点。

格雷厄姆：我是哥伦比亚大学商学院的金融学教授，我给学生讲授普通股分析与评估的课程。

主　　席：我曾经在爱德华·默罗（Edward Murrow）⊖主持的脱口秀节目上看到过您，但从不知道您是位教授。他们把您请到哥伦比亚大学商学院，我想他们是想从您那儿学习如何实际操作。我之前误解您了。

格雷厄姆：他们请我当教授是因为我是一名实务操作者。

主　　席：是的，这很不寻常，是吗？

格雷厄姆：是的，哥伦比亚大学商学院只有四五个像我这样来自实务领域的教授。⊖

主　　席：我明白了。您像加尔布雷思教授那样认为当前市场脱离实际经济环境变得过于热情或过于冷淡，都是很危险的，您认为当前市场的发展有上面的趋势吗？

格雷厄姆：毫无疑问，当然有。

主　　席：您也许会跟加尔布雷思教授所说的一样，认为当前市场上存在过多的投机活动？

⊖ 美国著名广播电视主持人、战地记者，曾主持《这里是伦敦》《现在请听》，被称为广播和电视新闻业的"开山宗师"。——译者注

⊖ "股神"巴菲特师从格雷厄姆，1951年毕业于哥伦比亚大学商学院，并取得硕士学位。在哥伦比亚大学商学院成立100周年时，巴菲特感叹道："我在哥伦比亚大学学到了最好的课程。"——译者注

格雷厄姆："过多"是一个非常难以定义的词语。如果市场上的投机活动保持跟现在一样的水平,按现在的情形发展下去的话,那么对最后的结果我不会有太大的担心。我是担心越来越多的投机行为积累下来的累积效应。

主　　席：我听不出您与加尔布雷思先生的观点有什么区别。他非常小心地说他不认为当前的价格过高,但在过去的一年中,股票价格确实在迅速上涨,而实体经济却没有突飞猛进的发展,生产力和其他因素都无法用来解释股票价格为什么上涨。他认为迅速上涨和产生过多狂热情绪的趋势,使他对市场的前景感到不安。您也知道,他建议提高保证金的要求,您是否也推荐提高保证金?

格雷厄姆：对此我仅说到如下程度：我个人认为如果市场上的投机气氛变得越来越浓厚,当超过了一定的限度时,联邦储备委员会应该毫不犹豫地提高保证金的要求。我没有必要代替我的朋友、联邦储备委员会主席比尔·马丁(Bill Martin)做出决策,而且我认为,对这个问题,联邦储备委员会有自己正确的判断。

主　　席：这是一个外交辞令一般的回答,我听不出其中有任何错误。是否提高准备金率也不是您的职责,而且无论谁是联邦储备委员会主席,歧视性地将保证金要求提高至100%也必将是件坏事。您认为削减资本利得税或者干脆取消这项税收,会使投机活动增加还是减少呢?

格雷厄姆：就整体而言,会增加投机的吸引力。

主　　席：如果是这样,是不是也会引起股票价格水平的上涨?

格雷厄姆：是的,这是我的判断。一方面,一些股票的长期持有者会因此而出售手中的股票,获利了结(且免去了资本利得税),使得股票的流通量增大；另一方面,我自己的感觉是,最终结果可能会造成狂热的投机情绪进一步上涨。

主　　席：可否问您这个问题，您的公司现在会买入股票还是卖出股票？如果不愿意回答，您可以不回答。您可以完全自由地选择不回答。

格雷厄姆：我们现在一直在出售那些以前买入的、价值被低估的股票，努力把资金投入到没有太大市场风险的"特殊事件"投资中。

主　　席：在过去的一两年中，您是否曾经特意研究过以接国防订单为主营业务的行业？

格雷厄姆：没有。我们没有机会仔细研究过，我们只有一些一般的了解。

主　　席：您能否展开讲一下您对国防行业的了解？

格雷厄姆：可以，但我只有一般的了解。飞机制造业的经营情况在很大程度上依赖于国防计划。

主　　席：一个完全依赖于国防订单的公司在过去6个月里的利润同比增加400%～500%。这样的事实，在您考虑该公司的政府合同时，对投资决策是否有什么意义？

格雷厄姆：参议员先生，在我刚才的陈述里，我没有介绍我曾是战争时期的战争价格调整委员会下属研究委员会的主席。这个委员会实际上负责价格的重新谈判，我们要考虑重新谈判的规则，包括飞机制造的利润。这些公司的利润上升，并不意味着价格的制定有问题，但利润的上升应该作为初步证据而触发后续审查。

主　　席：您认为在12个月里400%～500%的利润增长是不是很不寻常？

格雷厄姆：我想不到有这样利润飞速增长的例子，如果存在，那么负责价格重新谈判的人员一定会仔细研究的。

主　　席：您是否认为《价格重新协商法案》应该延长？该法案将在12月底到期。

格雷厄姆：我想应该重新颁布，或者通过另外一个类似的法案。

主　　席：但政府还没提出，是吧？

格雷厄姆：我不在政府任职，参议员先生。

主　　席：据我所知，他们上周已经提出了相关要求，在《国情咨文》里也已经讲到了这一点。我差点忘了这些。如果听证会没有其他意外发生的话，这个信息对您也许有价值。您是倾向于再次颁布该法案？

格雷厄姆：是的，确实如此。

主　　席：您能否评论下今年发生过很多次的事情，即许多大公司在1954年有很大的利润规模增长而销量却减少，最明显的例子就是杜邦公司，通用汽车也是这样的情况。在一些例子中，如通用汽车，可能在超额利润税方面存在一点区别，但我相信在许多情况下，超额利润税仅仅起到相当小的作用，您认为这些行业代表性的大型工业企业是怎么了？

格雷厄姆：首先，正如您刚才提到的，1954年良好的盈利表现（几乎与1953年的盈利水平在总量水平上是相当的）是因为政府废除了超额利润税。另外，从某种程度上来说，还因为无论大公司还是小公司近年来都开始能很好地控制它们的成本，而且对于小公司尤其如此，因为小公司经历过成本失控的痛苦，得到过沉痛的教训。

主　　席：这种情况是否说明竞争的缺乏？

格雷厄姆：我不这样认为，现在的利润率比以前年份要低，就通用汽车而言，它去年的税后利润率为8.2%。我记得1936年的税后利润率为14%～15%。税前利润率大约也是这样，现在的利润率比1936年要低一点。

主　　席：现在通用汽车通过各种措施来避税，而不是通过降低车价以扩大销量和增加利润，您认为这种做法是否有问题？

格雷厄姆：在这方面，我的观点跟您有些不同，参议员先生。因为我认为通用汽车不会考虑大幅降价，因为这样会导致灾难性的行业竞争态势。

主　　席：为什么？

格雷厄姆：在其他汽车公司能够生存的情况下，通用汽车不得不获得很好的利润；如果通用汽车只赚取很少的利润，那么一些其他汽车公司可能就会倒闭了。

主　　席：您的观点是认为实际上通用汽车等于给了其他汽车公司补贴，为什么不把这些补贴用于拯救那些在饥饿中苦苦挣扎的贫苦农民呢？

格雷厄姆：我不是这个意思。

主　　席：雪弗兰的价格太高了，如果再降低800美元，会对销量有很大帮助。

格雷厄姆：我想再次说明一下，我刚才表达的不是什么该做或什么不该做。我只是想说清楚我所理解的通用汽车的策略。通用汽车不敢不顾国家经济状况和政治形势来降低其产品的价格，从而使其他汽车公司经营不善而退出行业，最后让自己成为行业的垄断者。

主　　席：您的意思用另外一种说法表述就是在汽车行业里不存在竞争，是吗？

格雷厄姆：不是，实际情况并非如此。首先，通用汽车与福特汽车之间的竞争是非常激烈的，而通用汽车与克莱斯勒过去的竞争也很激烈，而且现在又白热化了。

主　　席：我对这方面一点也不了解。我对您所说的还是不理解。我一直认为价格是竞争的最主要策略，如果您不关心价格，那就不存在竞争；除了价格以外，其他方式只是"打太极"或是假象。如果您想竞争，您想占领市场，您应该做的第一件事就是降低价格。这在过去一直是最为正统的道理。那种认为竞争只不过是做做广告却不降价的想法对于老派的人而言可谓毫无意义。这听上去有点像德国的卡特尔——"我们分割市场，各自负责自己分割的地方，同时我们做广告让人们相信我们在竞争"——其实并不存在真正的竞争。如果通用汽车正在竞争而且意图占领市场，那么它为什么不降价呢？

格雷厄姆：参议员先生，我的观点也许有错，但确实与您有分歧。我认为通用汽车与克莱斯勒的竞争已经相当激烈了。其结果对克莱斯勒也是灾难性的。克莱斯勒在1954年几乎丧失了所有盈利能力，尽管其营业额仍然不低，但销量依然没能达到使公司盈利的水平，处于亏损状态。克莱斯勒还需要尝试做出各种努力来提高其产品和销售能力。据我对竞争的理解，这是一种竞争的典型例子。

主　　席：我想我留下了一个错误的印象。我现在不是想要表达赞成与不赞成的观点，我想了解的是汽车制造行业是否存在竞争。在您的陈述里，我看不到竞争的影子。通用汽车只需降低价格就可以把其他公司挤出汽车行业，且自己仍能正常经营而不破产，可是通用汽车却不这样做。在传统的竞争性行业中难道不是这样的吗？过去难道不是这样的吗？

格雷厄姆：这……

主　　席：我不是想说我不同意您的观点。如果通用汽车压低汽车的价格，从社会角度来说，这不是一件好事；从政治上来讲，也是危险的；竞争并不是口头上说说而已，什么是真正的竞争？您真正感觉到过竞争吗？难道您认为不应该让竞争来充分发挥其影响吗？

格雷厄姆：我想我应该概括一下我的观点，我认为在汽车制造业中存在着激烈的竞争，但不是那种让弱小公司毁灭的竞争。

主　　席：这是不是一种表面的竞争而已？

格雷厄姆：这是一种有限目标的竞争。

主　　席：政府制定了所谓的"限制价格"，是这个吗？它们联合起来决定一个价格，认为如果通用汽车的价格一旦低于此，就会使克莱斯勒破产，而使克莱斯勒破产是不明智的，是这样的吗？

格雷厄姆：在经济学原理中，我想您还记得利润最大化原则吧。通用汽车降价很可能获得更大的市场，但利润有可能减少。通用汽车没有理由不像其他正常的公司一样制定使自己利润最大化的价格。

主　　席：如果通用汽车使其他公司破产，它自己成为唯一的垄断者，到时它愿意定什么价格就定什么价格？

格雷厄姆：不会这样的，先生，美国政府会干预的。

主　　席：这正是我想讨论的。当您讲述政府干预及其社会政治影响时，您进入了一个不同于旧式竞争的领域。我不认为这本身是对还是错。我曾经听说过，而且我对此也感兴趣，您曾经确切地说过通用汽车会取得合理的利润，好像就是用这种语言描述的——最后仍将消灭其竞争对手。因为这样它才能建立起自己的运营效率，或者说合理的分销渠道和规模，我想对此您应该同意吧？

格雷厄姆：我不太记得自己是在什么情况下说的，但我想事情的发展也许会是这样。

主　　席：我想这很重要，因为随着经济状况的变化，那些与公司利润并不直接相关的因素也将显现出来。我想一旦其他公司被挤出行业，其后果也是灾难性的。对此我同意您的观点。但同时我不想欺骗自己，它们在市场里打拼，事实上只是因为通用汽车没有击垮它们；通用汽车可以做到这一点，如果它认为值得去做，且不会伤到自己。当然，在不考虑国家利益的前提下，通用汽车自己的优势与劣势则是另外一回事。格雷厄姆先生，如果您不介意，我们的幕僚长将向您问几个问题。

华　莱　士：格雷厄姆先生，在您买入一家公司的股票时，您是否会把您的意图告知该公司的管理层，同时获取有关该公司非公开的信息？

格雷厄姆：是的，当我们与大股东达成购买股票协议，而这些大股东又是公司的管理层时，我们会得到一些信息，诸如审计报告之类的非公开材料。我想这些材料只是因为不方便而没有被公开。为了避免误解，需要说明的是：在任何一次交易中，我们从未得到能够影响我们做决策的非公开的重要信息，这类信息不会被披露给那些发出要约购买公司股票的股东。

华　莱　士：现在公司的报表是每季度披露一次，您是否可以获得在这些季度报表披露时点之间的报表，而这些报表是非公开的？

格雷厄姆：月度报表是不披露的，但这类报表里的信息对我们做出决策并没有任何影响。我给您举个例子，当我们准备要约收购大西洋海湾-西印度群岛蒸汽船公司的股票时，假设是通过制造商信托公司做的。按照证券交易委员会的建议，我们披露了我们商谈的对象信息，以及该公司的半年资产负债表，这是由大西洋海湾-西印度群岛蒸汽船公司的管理层提供给我们的，且之前尚未公开。但这些对于我们来说，并不是特别有价值的信息，它们仅仅是按规定予以披露。

华　莱　士：通常，当您从交易对手方购买一笔股票时，对方是否掌握了与您一样的信息？

格雷厄姆：就重要信息而言，我想说是一样的。

华　莱　士：但是，如果您基于从公司管理层获得的信息而从公开市场购买股票，这是否会被认为是基于内幕信息的交易？

格雷厄姆：不，先生。根据我们对规则的理解，根据内幕信息进行的交易主要针对那些对于公司股东（以及大股东）、董事和管理层负有信义义务（fiduciary duty）的人。

华 莱 士：如果一家公司的管理层向您透露了一个不为大众所知的内幕信息，这是不是违法的？

格雷厄姆：对此我想应该说清楚，因为我同时处于两个位置，我也是一些公司的管理层或者董事。我想让议员了解一下公司的实际管理是如何运营的还是有价值的。每天都会有新的信息出现，从而引起公司管理层的注意，但是，每天都通过登报或者给股东寄送信函的方式来发布有关公司进展的报告是不具备可行性的。而且特别需要强调的是，公司管理层也没有被强制要求宣誓不透露引起其注意的信息。这里核心的要点是如果一个重要的事件不被迅速披露，那么就会使得先行知晓信息的一方获得显著的优势。但重要性的程度有多种，非常难以精确地判断什么样的信息应该而且必须被披露，什么样的信息不用做特别的披露处理。

华 莱 士：当然，证券交易法认定公司管理层基于内幕信息的交易是违法的，而且如果他进行了内幕交易，公司或股东可以起诉追回其所获得的利润。

格雷厄姆：是的。法律规定了6个月以内的交易，而且法律对于其他类型的交易也有类似的规定。

华 莱 士：我个人理解为公司管理层可以透露不为公众所知的信息从而使他人从股票交易中获利？

格雷厄姆：我认为您的理解是正确的，华莱士先生。这是一个非常有意思的领域，曾经引起我很多思考。

华 莱 士：我想听听您关于现行立法完备性的看法。伍德先生来自国家证券交易商协会，当在这里作证时，他认为对于未上市公司的管理层而言，基于内幕信息进行交易不是非法的。我想问的问题是，上市公司的股票确实是基于内幕信息被交易的，只是交易股票的人不是公司管理层本身，而是从公司管理层那里获得泄露内幕的第三人。举个例子，如果管理层正在考虑一个不为外界所知的合并，那么公司管理层将知道这一切——他知道合并是否会成功，或者在盈利状况方面他可能知道股息会比先前预期的高，或者是否会派发股票股息或股票拆分，总之公司管理层处于知晓内幕信息的位置上。他个人将被禁止在 6 个月内进行股票交易，但我想问问您的观点，法律是否应该进一步严格禁止其泄露内幕信息给别人？

格雷厄姆： 如果能够设计出一套可行的方法，既能保证公平，又不会引起其他新的缺陷，那么我想我也许会赞成更严格的相关法律规定。但就我个人在这方面的经验而言，我很犹豫为这样的想法背书，因为从开始阶段仅仅的可能性到最后的交易达成，这中间存在着交易的发展、演化与递进，对于合并这类交易尤为如此。一开始，合并只是一个设想，因此也没有必要向大众公布。此外，这又不能保证人们在交谈时不谈及相关的信息。从早期的想法到后来的现实，过程是极其漫长的，在这期间很难保证不让公司管理层把信息传递出去。

华　莱　士： 现在市场上有多少股东或者股民呢？人数在 650 万～ 750 万吗？

格雷厄姆： 股票交易所会在其研究报告中发布这些统计数字。

华　莱　士： 您认为这 650 万或 750 万股民都认识和知道存在着基于内幕信息的交易，而他们自己却不拥有这些信息吗？

格雷厄姆： 一些人知道，而另外一些人不知道。我认为一般有经验的人都知道有一些人能了解公司更多的信息，他们有可能利用这些额外的信息进行交易。

华　莱　士： 格雷厄姆先生，您是这个领域的专家，您能否给我们解释一下相关术语？您能否告诉我什么叫获利了结（profit taking）？

格雷厄姆："获利了结"这个概念并不复杂，人们持有的股票获得了账面利润，通过出售股票来实现利润，因为他们推测存在使市场价格下跌的压力。获利了结每天都在市场上发生。

华　莱　士：获利了结在短期内对市场价格有轻微压力吗？

格雷厄姆：正如"获利了结"所操作的一样，意味着有足够的利润可以了结，自然对价格有一定影响。获利了结一直在市场上发生，甚至在价格上涨时也会出现。

华　莱　士：获利了结跟抛售（sell off）类似吗？

格雷厄姆：不一样，抛售指的是价格下跌，可以由市场上临时突发的任何原因引起。而获利了结是基于理性预测，比如预期战争会发生，或者预期会议将决定什么，以及其他任何事情。

华　莱　士："技术调整"是另外一个术语？

格雷厄姆：技术调整与获利了结有着很大的关系。

主　　席：您认为我们今天在这里所做的一切会引起股票市场的波动吗？

格雷厄姆：是的，会引起波动。

主　　席：您确定？

格雷厄姆：是的。我认为市场具有非常敏感的反应能力，每天都会受到许多让市场涨跌因素的影响，在这些影响中，又有一部分是流言。

华　莱　士：格雷厄姆先生，我讨论这些的原因是上周五市场已经达到一个很高的价位，上周五市场走势很强劲，是吗？

格雷厄姆：是的。

华　莱　士：周末总统已经宣布继续延长《价格重新协商法案》，是吗？

格雷厄姆：是的。

华　莱　士：这个消息将会对股票市场产生很大的影响，是吗？

格雷厄姆：我认为不会。

华　莱　士：那么在目前价格相对较高的情况下，您将获利了结、抛售或是进行技术调整吗？

格雷厄姆：是的。

华　莱　士：您认为所有这些因素在周一和周二影响着市场，但您不知道哪个因素的影响最大。因为能够影响市场的因素有很多，甚至包括股民的情绪，乃至某个股民身体某个部位的溃疡变糟了。

格雷厄姆：我同意这个观点。我曾在上面的回答中试图传递这个观点。

华　莱　士：这种研究对市场有一些影响，但只是重大影响因素之一。

格雷厄姆：我建议不要用"重大"这个词，它只是众多因素之一。

华　莱　士：谢谢。

主　　席：我注意到他们正在关注我们对市场的现状既关心也有些担心的状态。说是因为我们的研究而导致市场承受压力，因此每个人都在批评我们，我看不出我们的研究与市场压力有什么关系。这里所说的每个人指昨天我们收到的许多电报，有15～20份，严厉指责我们使股票市场价格下跌，我想您不会同意这一观点吧？

格雷厄姆：不同意，参议员先生，我想这么说能够让您安心，如果我们的研究确实使得市场下跌，那么市场本身就要下跌了，而且也应该下跌。

主　　席：这是一个非常恰当的观察，如果市场价格因为我们召开听证会就下跌，那市场也太脆弱了，难道不是吗？

格雷厄姆：我对此表示同意。

主　　席：我现在想起几件事。您是否注意到了昨天埃克尔斯先生关于资本利得税方面的提案？这份提案是否引起了您的注意？

格雷厄姆：我从今天早上的报纸上知晓了。

主　　席：您是否完全赞同？

格雷厄姆：是的。我也有自己的提议。在这方面我想我们每个人都会有自己的建议。如果巴鲁克先生现在在场，他也会提出自己的建议。我们都有各自的建议。我认为埃克尔斯先生的提案基本是正确的。应该在法律上规定，根据股票持有期间长短的不同，按不同的税率征收资本利得税。

主　　席：我想您的建议是一个临时性措施，最后还是会回到现在的制度？

格雷厄姆：是的，就是这样。

主　　席：这是值得考虑的。如果您的股票持有期很长，比如说 5 年，就不征收资本利得税。这个对您有吸引力吗？

格雷厄姆：大致概念就是这样的，参议员先生。您也许记得若干年前，我们有一种类似的资本利得税制度，持股时间为 5～10 年，税率为 10%，如果持股时间超过 10 年则资本利得税的税率为 0。所以持股时间的长短是应该考虑的问题，这样的原则是对的。一些理论上反对资本利得税的原因是课税对象不是实物经济的反映，也不包含在国民收入或国民生产总值里。这些理论分析得出的结论可以被上面提到的基于持股时间的渐进资本利得税部分实现。

主　　席：还有一个技术性问题，您也许能帮助我们。这对于我而言可能难以得出，您能否估计一下市场上平均的留存收益率与股息支付率？

格雷厄姆：这需要花费一点时间来说明。首先，我曾对此研究过，而且写过这方面的文章。以前可以大致得出每股派发的股息大约是每股留存收益的 4 倍，这是一般的股票，对于那些有长期发展计划的公司我们会单独对待，因为其留存收益率偏高。但是我有个感觉，我们处在一个由偏好股利向偏好留存收益过渡的时期。而且过渡得非常快，现在不能估计，但几年以后人们将更偏好留存收益，而不是像过去那样偏好股息。

主　　　席：这是不是主要受税收结构的影响，因为资本利得税与普通税和附加税的差别？

格雷厄姆：不是的，以前就没有受到这方面的影响。相反，投资者和投机者的行为有时是不合逻辑的。从理论上讲，他们应该偏好成功、优秀公司的留存收益，因为这样盈利只交了两道税——开始的一道税和最后的资本利得税。对比来看，发放股息则要马上承担两道税带来的负担。投资者对股息的偏好现在太强烈，以至于没有认识到税收结构的影响。现在这种偏好的调整刚开始。

主　　　席：我明白了。您的意思是他们最终会明白其中的道理？

格雷厄姆：但他们理解得实在太慢，甚至让人觉得愚蠢。

主　　　席：那是一个很容易让人理解的陈述。此外，您认为给管理层发放股票期权是想通过资本利得还是薪酬来激励他们？

格雷厄姆：发放股票期权是想通过资本利得来酬劳管理层，这是毫无疑问的，也是股票期权本身的目的。

主　　　席：但这种方式不被一些人所认可，他们认为"这只是鼓励对公司忠诚的手段，与留存收益没有关系"。您是否同意？

格雷厄姆：不同意，先生。

主　　　席：看来我与您的观点有许多相似之处。

格雷厄姆：参议员先生，我并不是为了取悦您而故意改变我的观点。

主　　　席：不。我不是这个意思。我只是佩服您的智慧。

格雷厄姆：谢谢您，参议员先生。

主　　　席：过去，我曾是一名教授。这也许是我的弱项。今天早上您是否注意到西尔斯－罗巴克公司创造了一种以资本利得来支付普通员工报酬的方法？我以前从未意识到这一点。这是受养老金计划的影响吗？

格雷厄姆：这取决于您是否选择一家类似西尔斯 - 罗巴克的公司。这一点非常重要，如果您挑选一家普通的公司，比如从纽约证券交易所的上市公司中随机挑选一家普通公司，然后在该公司使用西尔斯 - 罗巴克公司那样的薪酬计划，您会发现，不仅长期来看这家普通公司员工的报酬与西尔斯 - 罗巴克公司员工的报酬相比是相当少的，而且我认为普通公司也不可能维持这种报酬计划，因为普通公司每年的业绩和股价还会波动。人们不会在一家普通公司里实行这样的计划。

主　　席：那只有像通用汽车这样的大公司才能做到，是吗？

格雷厄姆：我想是的。

主　　席：您是否知道还有其他基金像这样把一年税前利润的 10% 支付给养老基金作为对员工的报酬，而这些报酬支付无须缴税？

格雷厄姆：唯一不一样的是您提到的 10% 这个数字。10% 是一个相当大的数字，但不是没有例子。我记得有这样的例子，超过 10% 的税前利润被支付给养老基金作为员工的报酬，包括管理层和普通员工。

主　　席：我想管理层的报酬并没有包括在内，至少根据今天早上听证会上的陈述是这样。

格雷厄姆：确实是其中一部分，限制在每年 500 美元，或者有一个最大值限制。

主　　席：我的意思是他们除了拥有奖金、股票期权，还可通过参与养老基金而获得报酬。

格雷厄姆：是的。

主　　席：那么加总起来数字会超过 10%。

格雷厄姆：是的。

主　　席：您如何评价？

格雷厄姆：主要有两点。首先，我认为这是在公司和雇员之间建立的一个正当的利润分配机制，正如我开始所说，在我们的政府雇员保险公司（GEICO）里也实行类似的机制。这套机制对我们和员工而言运行良好。其次，税收是另外一回事。国会也认可这种机制会对企业带来税收上的好处，我也清楚地知道鼓励发展这种机制对公司业务发展和员工利益的成效。我个人认为，即使财政部损失了一些税收，也应该鼓励这种"中型资本主义"机制，同时这也有利于雇员在退休后能过上快乐和有前景的生活。

主　　席：对于上述部分，我赞成您的意见。如果只是这些，那事情当然很棒。但对于那些没有办法将他们的收入转成资本利得而直接缴税的人，您的看法是什么？难道只能抱怨下"这确实太糟糕了"？让一部雇员得到报酬但只支付资本利得税，而另一部分雇员干着同样的工作却以另一个税率纳税？如果您处于我的位置，当大家因政府的政策而责难您时，您会对他们说什么呢？

格雷厄姆：我们正在谈论的是雇员报酬的一部分。西尔斯－罗巴克公司当然例外，因为这家公司经营得非常成功。如果以一家一般的公司为例，拨出 10% 的利润用于上述这种机制，那么所带来的增量利得和收入在他们的总收入中所占的比例并不算小（至少占一小部分）。考虑到这种机制所带来的各种好处，这些员工享受到的在税务方面的好处是应该被接受的。

主　　席：假如公司将 50% 的利润用于这种薪酬机制呢？假设他们将雇员的工资减少，而转成养老金的形式，如果您认为这样可以，那么他们向雇员支付薪酬为什么不全部都采用以资本利得形式缴税的收入呢？

格雷厄姆：不行，这个机制不能无限制地使用，就目前而言，存在一个限制。用于支付养老金基金和利润分享基金的总额不能超过雇员薪酬总额的 15%。

主　　席：您能否给我们以更开阔的视野来阐述一下您对未来几年经济的看法？您认为现在是经济周期的顶点吗？或者您同意您在纽约的一位投资领域的同事所讲的，市场大跌是必然的吗？

格雷厄姆：难道不是必然的？

主　　席：我读到一篇文章，它的观点是这迟早会到来，也必然会到来，而且我们在此之前一定会疯狂炒股。我想了解您对未来几年的看法。您是否一直在思考这方面的内容？

格雷厄姆：我认为对于这些观点不用过分担心。

主　　席：我不认为您永远不会犯错误。

格雷厄姆：事实上，我并不专注于经济预测或市场预测。我的工作是建立在一套原则上的，以获得更好的投资业绩，而这与其他关于未来经济状况的观点相独立。然而作为此类经济学家，我非常乐意把我的观点说出来，我认为当前存在着经济萧条的迹象，但并不很严重。诸如存货、消费信用、住房投资、资本品，不太可能再按现在的发展速度持续下去了。当然，这只是一位有经验且保守的经济学家的观点，预期历史会重演，或者重复过去的模式。你还忽略了一个因素，即政府干预。在我看来，政府已经着手通过两个方面来阻止经济下滑，因为其伴随着高失业率。但其实，如果只因为生产力发展，也有可能出现高失业率，而同时却伴随着国民生产总值的上升。我们正处在一个有趣的时期，政府干预与失业率的较量会有结果。去年我预期会有结果，但没出现，我对此很惊讶，但我想在下一个 5 年里，还会发生同样的事，到时政府会采取重要的行动来阻止大规模失业的发生。

主　　席：您认为政府应该为经济稳定采取措施吗？

格雷厄姆：是的，政府应该尝试采取措施。

主　　席：这依赖于政府的政策是否明智？

格雷厄姆：是的，判断政策是否明智应该从结果来看。

主　　席：您是如何判断的？

格雷厄姆：我通常会做一个预想的测试，但在经济里除非政策被执行，否则很难得出政策是否明智的结论。

主　　席：不知请您回顾20世纪20年代的情况以及判断谁主政的政策是明智的是不是不太合适？

格雷厄姆：是的。

主　　席：听说您有一个大宗商品储备计划，请问什么是大宗商品储备计划？

格雷厄姆：我可以用几句话来说明，这与您关于未来经济体系的问题有关。在过去的20年里，我一直在考虑通过稳定总的原材料价格水平，而不是通过稳定个别大宗商品的价格来稳定经济。其目标是允许单个大宗商品的价格波动，但仅限于一个相对较窄的波动范围之内，同时实现一揽子重要大宗商品价值的稳定。还有一个非常重要的因素是：这些大宗商品支撑着我们的货币，因为大宗商品代表着我们所需要和使用的各类物品，如此形成大宗商品储备，就像黄金储备一样能够自我支持，其结果将会使原材料的总体价格水平相对稳定，进而增加总体经济的稳定性。

主　　席：我不太能理解，这些被列于储备计划里的大宗商品会有什么限制条件吗？

格雷厄姆：这些大宗商品应该是可储存的，而且是在商品交易所交易的，但也不是百分之百绝对的要求。

主　　席：比如什么样的农产品可能被包含在储备计划里？

格雷厄姆：比如小麦、玉米、棉花、糖和香蕉。

主　　席：橡胶和棉花可以被永远储存吗？

格雷厄姆：通过循环更新，它们是可以永远被存储下去的。

主　　席：我忘了一件事，在提到政府政策和干预时，您认为税收是政府干预经济的一个重要手段吗？

格雷厄姆：可以是减税。也就是说政府为了更深入地干预经济，方法之一是减税，另一种方法就是扩大政府开支。

主　　席：您是否听了昨天埃克尔斯先生的陈词？我不是想把他作为示范，只是为了节省时间，因为描述需要花时间，您记得昨天他关于税收的建议吗？

格雷厄姆：我不太记得了。

主　　席：没关系。我来问另一个问题，然后我们将结束今天的会议。举个例子，当您发现一个"特殊事件"投资机会时，您认为您可以以每股10美元买入，而其实其价值为20美元每股。在持有了仓位之后，直到其他人也认为这家公司的股票价值30美元每股，你才能实现利润。这个价值发现的过程是如何进行的，通过广告或者其他方式？

格雷厄姆：这是一个我们行业里非常奇特的现象，我也跟其他人一样对此感到神秘。从我们的经验得知，市场价格最终会追上价值，这总是会发生，无论通过什么方式。

主　　席：但您是否做了什么工作去推进这个过程？做广告或其他方式？

格雷厄姆：恰恰相反，实际上，我们尽量对我们的操作高度保密。

主　　席：即使在您买入之后？

格雷厄姆：是，即使在买入股票之后。

主　　席：为什么？

格雷厄姆：最基本的原因是我们不希望别人了解我们是如何做的。我们也没兴趣劝说别人来购买我们已经拥有的股票，我们以前从未这样做过，以后也不会这样做。

主　　席：这有点不寻常。只有很多人也认为每股价值 30 美元，您才能获利。

格雷厄姆：在我们的经验里，我们通常非常幸运，无须做广告，别人就会认为我们拥有的股票就值每股 30 美元。我们有时或许会介入公司的管理，当我们是大股东时，有时我们会建议公司做一系列的调整。

主　　席：我们今天到此为止。我们仍有许多问题想问您，但您还有其他事要做，现在也已超时了。您在百忙之中抽出时间自愿为我们提供有关信息，我代表委员会表示感谢。让您讲述这些东西是非常辛苦的，但除此之外，我们也没有办法可以了解这些问题。我非常感激您让我们学习了很多有关股票市场的知识。

格雷厄姆：如果真的有所帮助，在所不辞。

主　　席：如果您后续有任何建议，并且您认为我们应该知道，欢迎您写信告知我们。再次感谢您的到来！

格雷厄姆先生准备的证词全文如下。

格雷厄姆-纽曼公司董事长格雷厄姆的证词

我是格雷厄姆，现居住在纽约州的斯卡斯代尔。格雷厄姆-纽曼公司是一家注册的投资公司，也是一只投资基金，我担任公司的董事长。同时，我还是哥伦比亚大学商学院的一名金融学教授。

我的证词主要阐述三个主题：

1. 从价格与价值之间的关系来看当前股价的水平。

2.1953 年 9 月以来股市上涨的原因。

3.未来可用于控制过度投机的可行方法。

首先是当前股价问题。目前股价看上去很高，本身确实也很高，但实际上并没有表面上看起来的那么高。从标准普尔 420 工业股票指数来看，现在远远超过 1929 年的水平。现在指数超过 300 点，远高于 1929 年的 195 点；与此同时，工业指数为 410 点，只比 1929 年的 382 点高一点而已，但如果剔除指数所包含的公司有变动带来的影响，工业指数在这两个时点的差别其实很大。不过，铁路和公共设施领域的股票整体上低于 1929 年的股价水平。

评估股票的价值不是从价格趋势的方面考虑，而是把价格与盈利能力、股息和发展前景放在一起考虑，有时候还会考虑资产价值。

当前评估股票价值的方法主要是估计未来的盈利能力和股息，然后乘以一个适当的倍数。由于这些要素都是预测或主观判断的，所以基于这样的方法，对一只股票或一组股票的价值进行判断，会得出较大差别的结论。与此同时，其他不基于客观信息或投机性的观点则会得到更大范围的不同结论，伴随着市场情绪从悲观到乐观。

根据我以往的经验来分析现在的股价水平，我将使用两组数据进行比较：一组是工业指数的情况，另一组是通用电气。前者是整体情况，而后者是具有代表性的蓝筹股。我把当前价格以及 1929 年、1937 年、1946 年的最高价与前 1 年、前 5 年、前 15 年的盈利情况结合起来。这些信息以及其他相关数据都会被列在下一节的表里（见表 8-1 和表 8-2）。

现在的道琼斯工业指数对应其之前平均盈利水平的倍数要低于 1929 年、1937 年和 1946 年道琼斯工业指数的同一指标。通用电气也是如此。很明显这些股票作为行业的代表，仍有很长一段距离才会达到过去那种估值倍数的高峰水平。应指出的是，现在的利率水平比之前牛市的利率要低许多（1946 年除外）。在较低的利率环境下，同样的股息或盈利水平获得的市场估值水平更高。

上述比较关系被很多人用来表明市场仍处于安全地带。但是，这些观点没有考虑过去在牛市后的下跌程度。1929～1932年，道琼斯指数跌了90%，很明显1929年的指数381点太高了，而且市场在跌破381点时进入了危险的境地。

我发现了一种简单而有用的方法来估算道琼斯指数的中枢价值：将其10年平均盈利水平除以高质量债券利率的两倍值，这种方法使用的前提是以过去的平均盈利水平来估计未来的盈利水平，这是一种保守的估计。同时，资本化的利率是高质量债券利率的两倍，这是考虑了股票与债券的不同风险。尽管这种方法与理论相悖，但比较精确地反映了1881年以来道琼斯工业指数的中枢价值。有趣的是，通过这种方法计算出来的1929年中枢价值为120点，这恰好是最高时的381点与随后1932年的41点的几何平均数。同样，1936年中枢价值为138点，比1938年高，这也恰好是1937年最高时的194点与1938年最低时的99点的平均值。

如果把这种方法用于1955年，可以得出中枢价值为396点，仅比现在的指数低一点。如果这个估算得到的点位是可以相信的，那么说明市场没有危险，而且还说明市场的估值水平尚不如1926年年初、1936年年初和1945年年末。然而如果我们用1954年之前10年的平均利润，那么中枢价值的有效性可能会受到质疑，因为在这10年间没有出现经济萧条。因此，在某种程度上评价该方法的正确性还要与我们摆脱经济萧条的能力相结合起来。如果我们真的可以略过经济萧条，那么或许可以说现在的市场价格不是很高。

尽管目前的情况不太可能是革命性的突破，但我也不能否认摆脱经济萧条的可能性。有理由说未来严重的经济衰退是可以阻止的，如果不是因为美国经济本身，那就是因为政府的干预和可能的通货膨胀。对这个问题做个小结，我想回顾一下我在1945年10月对股票市场的分析，该文发表在1945年10月18日的《商业与金融编年史》上，在此我原封不动地引用原文的结尾，作为我对现在股票市场的看法。

用于判断当前股价水平的三种方法，得到了三种不太一样的结果。第一种是基于历史的方法，当前市场很明显比过去的高点还高，因此应该有一个大幅回调。第二种方法基于数字和公式，认为当前价格水平合理，以及牛市的热情会进一步推动价格上涨。第三种方法基于对未来发展的猜测和预测，提供了许多有用的线索，但没有给出明确的结论。

这种分析会对投机者以及谨慎的投票投资者有什么影响呢？我们把投机者定义为从市场价格波动中获取利润的一群人，而基本上不考虑股票的内在价值；谨慎的股票投资者：①只会在有内在价值支撑的价格上进行投资；②当市场进入投机阶段之前就减少持股的仓位。

目前就是投机阶段。因此，股票投资者会根据上面的原则，从而减少手中的持股量，具体出售策略依个人而定。对于投机者，我们无法说出对于他们有价值的内容。

对于市场会取得比现在的高点更高的点位，我们认为，他们有50对50的机会，也许更高一点，取决于政府干预经济的概率。但是，对于他们被套住而失去市场高点之前获利的概率，并不比之前的牛市要低，而且这个概率从来都是不低的。

至于1953年9月以来的市场上行，我同意纽约证券交易所主席芬斯顿（Funston）先生在回答委员会提问时的论述，但我更强调投资和投机热情在市场价格波动中所起的作用。

我个人认为最本质的原因是人们开始由怀疑而变为自信，由之前担心股票内含的风险，到现在着重关注未来的机会。

自1949年以来，道琼斯工业指数盈利能力的重要性一直都没有改变。事实上，第二梯队公司的业绩在1953～1954年比前5年下滑了许多。但是在1954年以前，大家都预期股价会回调，因为在1953年中后期以来企业利润下跌。但经济收缩的程度好于预期，尤其在国民生产总值和可支配收入方面，这抑制了市场的悲观情绪，并扩散了我们不用再担心大萧条的信心。

这种情绪的改变使得市场改变了对股票的估值，具体来说就是对于一定水平的盈利给了一个什么样合适的估值倍数。实际情况是，对于道琼斯工业指数，估值倍数在1948～1950年是8倍，到1953年变为10倍，现在是14倍，仅仅比1936～1940年的平均水平低一点。

我的研究表明，仅仅是情绪变化，不考虑其他因素，就会把股价从100美元推到250美元，或从100美元推升至300美元。有一个有趣的现象，自1922年以来，美国电报电话公司的股利一直为每股9美元，同期其盈利的波动相对较小，而该公司的股价却从1922年的115美元涨到1929年的310美元，在1932又跌到70美元，之后在110～200美元波动。

对于第二梯队公司而言，现在的情况比较复杂，相对于1953年之前的盈利水平而言，估值是偏低的。但许多这样的公司在1953～1954年的盈利水平很差。在1954年以前，它们的价格变动一直落后于蓝筹股。现在这个部分的市场充满着过度投机的氛围，估值低的投资机会越来越少。但就整体而言，这些第二梯队公司的股票并没有像1946年年初那样被高估。

至于未来可用来控制投机的方法，我认为委员会应该认真考虑方法是否具备可行性。尽管目前投机并不严重，但在未来仍存在致命的危险。如果能找到有用且可行的方法，我们就应该在实施该方法之前就做好决策，而不是等到起火时才讨论救火的方法。

大家需要认识到一点：华盛顿介入股票市场是非常危险且富有争议的。因为你不能判断你准备所做的一切就是对的，也不知道最后结果是好还是坏。在这方面，与公众的窘境相似，不知道应该是买入还是卖出股票，或者是观望。尽管政府干预有许多负面影响，但政府对市场的确负有一定的责任。实际上这种责任是由联邦储备委员承担的，随着市场投机程度的不同而改变保证金的要求。

总的来说，我个人倾向于严格控制保证金交易（即融资融券交易），当联邦储备委员认为市场投机严重时，可以迅速将保证金要求提高至100%，也就是不允许借钱炒股。我的考虑是，那些非专业人士借钱用于投机股票或其他方面是不会有好结果的：对他们本人以及对整个经济都不利。应该让商业银行担负起不直接向投机者借钱的责任。

资本利得税已经极大地阻碍了股票出售，为了实现人们手中持股已经获得的利润，从而增加市场的股票供给，废除或降低资本利得税被强烈要求。当然，资本利得税本身也有好处，我想也应该对此具体说明。我很遗憾，这些废除或降低资本利得税的提法大多是华尔街的一面之词以及片面、不完整的说法，虽然我也身在华尔街之中。

对资本利得进行征税始于1913年的当代所得税，它给股票市场的投机带来的影响并不是一个新问题。没有证据能够证明资本利得税导致了市场不合理的高价以及大幅波动。有许多反对意见认为资本利得税在理论上不平等，而且在实操层面上有问题。与此同时，也有很多反对不对资本利得征税而以其他形式对利润课以高额税率的观点。尽管我认为当前的资本利得税征收制度有待进一步完善，但就我们整体的税务负担而言，我不认为资本利得税是不平等的。最后，降低资本利得税率极可能扩大市场上股票的供给，因为持股者会出售股票而了结获利，但与此同时，由于这个新的税务激励，也会刺激进一步的投机活动。减税的最终结果是不可预料的。

只有当降低资本利得税率的政策仅用于一个有限的时间段，以应对危险的市场时，我对降低资本利得税率的反对意见或许才是可以被忽略的。例如，对于持有期至少两年的证券，税率可以从现在的最高25%降至最高12.5%。这种措施在短期内（比如6个月）会产生积极的效果，我相信这种措施会极大地扩大市场的股票供给，尤其在供给奇缺的时候。而且从财政部的视角来看，虽然降低了税率，但市场出售股票的量增大了，最后税收金额反而增加了。不管这个短期政策对股价水平的影响如何，真正的投资者不会因此而受到伤害，即使在短期内也是如此。

正如关于资本利得税的任何变动都需要国会批准一样，我的建议也需要国会立法。我想最佳方法是授权给总统，基于联邦储备理事会的建议来改变有效税率，且这一授权被限定在一定的范围内。我们在关税领域中已经有类似的先例。

最后，我想说的是，国会不应该在一般情况下就干预股票市场，但有些时候也确实需要国会的关注，而我们现在很可能就处于这个阶段。

道琼斯工业指数与通用电气普通股的市盈率

表 8-1 道琼斯工业指数

日期	价格	对应前1年盈利水平的市盈率	对应前5年盈利水平的市盈率	对应前10年盈利水平的市盈率	AAA级债券利率（穆迪评级，%）	随后的最低价格
1955年3月	414	15x	15x	18x	2.95	—
1946年最高点	212	20x	21x	22x	2.46	163（1946年）
1937年最高点	194	19.5x	43x	21.5x	3.42	99（1938年）
1929年最高点	381	25x	28.5x	34x	4.69	41（1932年）
1927年最高点	202	14.5x	16x	16x	4.58	—

表 8-2 通用电气普通股

日期	价格	对应前1年盈利水平的市盈率	对应前5年盈利水平的市盈率	对应前10年盈利水平的市盈率	随后的最低价格
1955年2月	167①	23	28	38	—
1946年最高点	52	26.5	30	31	—
1937年最高点	65	42	84	51	33（1946年）
1929年最高点	101②	45	60	85	27.25（1938年）
1927年最高点	36②	23	29	34	8（1932年）

① 根据1954年拆股进行调整。
② 根据1930年拆股进行调整。

| 第四部分 |

THE REDISCOVERED BENJAMIN GRAHAM

投资策略：格雷厄姆讲义

历史的适用性几乎总是在事件发生之后应验。当事件彻底结束时，我们会引经据典地去论证为什么曾经发生过的事件必然会再次发生，因为它之前发生过。实际上这并没有多大用处。丹麦哲学家克尔凯郭尔（Kirkegaard）说过：我们只能回过头来评价生活，但是必须活在未来。从我们在证券市场中获得的经验来看，确实如此。

——《股市是否会涨到天上去？目前的一些问题》
本杰明·格雷厄姆
《商业及金融编年史》，1962年2月1日

本部分内容来自格雷厄姆1946～1947年在纽约金融学院的授课。当时纽约证券交易所（NYSE）拥有并运营这个学院，后来纽约证券交易所决定停止所有课程并且出售了这个学院。格雷厄姆的讲课内容与讲义被记录下来，打成文稿并复印，汇编成《当前证券分析的问题》，当时以5美元的价格出售。格雷厄姆提出的很多投资问题确实是当时存在的问题，比如如

何分析一家处在从战争时期到和平年代过渡期的生产企业。在分析这种企业时，必须考虑美国政府对战时存货和扩张成本提供的信贷支持。

毫无疑问，阅读这份讲义有时会让人感觉像在层层密林中穿行。许多读者想要阅览这一部分，沉浸于某个有着特殊吸引力的主题。那些耐心探索投资分析历史案例的人，将得到的奖励就是格雷厄姆永恒智慧中最核心的部分。在那些复杂的讲解中，格雷厄姆的话似乎会飞离讲稿，直达读者的内心。格雷厄姆在纽约金融学院和哥伦比亚大学商学院的投资课程永远人满为患。

请注意，本书所选的演讲内容已经经过少量删减。我们在有的地方仅仅是稍做修改，在有的地方对读者可能无法辨别的单词、缩写或短语进行了补充。另外，还删除了一些例子，特别是那些过时的，并与当前读者关联性不大或者没有关联性的税收讨论部分。讲义中的修饰符号说明材料已经删减。考虑到那些想要阅读未经删减讲义的读者，我们将其放在了 John Wiley & Sons 出版公司的网站上，网址是 www.wiley.com/bgraham。

当前证券分析的问题第 1 讲

欢迎大家来参加这门系列课程。这么多人报名注册是对学院的一种认可，也许是对老师的认可，但是同时也带来了一些问题：我们将不能通过相对随意或者圆桌讨论的方式来授课了。虽然我欢迎尽量多讨论和多提问好的问题，但是为了能够顺利讲完这门课，我将保留缩短讨论时间或者不回答某些问题的权利。我相信大家能够理解我们的难处。

我希望你们觉得自己花在这门课上的时间和金钱物有所值，但是我想补充一点，本门课的目的仅仅是提供说明案例和探讨，而不是为任何证券市场操作提供具体的操作建议。我们对课程中提到的内容不承担任何责任。就我们自己的业务而言，课程中提及或讨论的证券，我们可能存在或者不存在利益关系。过去几年，我们对这个教学问题已经习以为常，希望能尽快抛开这个问题。

这次课的主题是"当前证券分析的问题"，涵盖范围广泛。实际上，我们的想法是尝试根据《证券分析》1940 年修订版出版以来的 6 年经验，让这本教材能够与时俱进。

证券分析的主题有多种分类方式。一种分类也许包括以下三部分：一是证券分析的技术；二是安全的标准和普通股估值；三是分析师相对证券市场的关系。

另一种可以考虑的分类是：首先，把分析师看成调查员。分析师以调查员的角色去搜集所有相关事实，并尽可能将事实以通俗易懂、条理清晰的方式展现出来。其次，把分析师看成价值评审员或者评估师。我认为第一种分类相当有用，因为华尔街分析师很重要的一个职责就是消化事实，避免对事实做出评判，而是把评判事实的职责交给其他人。

这种忠于事实本身的做法也许非常有益。因为证券分析师对于证券的判断会受到市场行情的严重干扰，以至于我们中大多数人都无法像优秀分析师那样做出估值判断。我们发现自己几乎总是扮演着市场专家和证券专家的混合角色。我曾经希望这种情况在最近几年能有所改善，但是我必须承认自己还没有看到太多改善。如今，华尔街分析师的表现一如既往：一只眼睛盯着资产负债表和利润表，一只眼睛盯着股票行情。

这次导论课或许最适合讲一下证券分析师工作的第三个方面，就是证券分析师与证券市场的关系。我认为这部分比其他部分也许更为有趣，而且作为导论材料也比较契合。

证券分析师对股票市场的正确态度可能跟一个男人对待妻子的态度非常类似，他既不能对女人说的话太过认真，也不能完全忽视。我们发现这正是我们大多数人面对股市时所处的境地。

回顾过去 6 年股票市场的表现，我们得到一个结论：它的表现与基于历史经验做出的预测非常一致。一开始市场有涨有跌，不同证券的走势各有特点。我们试着通过在黑板上展示一些样本股票自 1938 年年底以来的表现来简单解释这点。我想借此说明这些历史记录中可能让证券分析师感兴趣的某些特点。

我认为，分析师应当从过往 6 年的股票表现中发现两个具有根本重要性的特点：第一个特征是连续性原则；第二个，我称之为股票市场的欺骗性选股原则。

首先，关于连续性原则。如果用长期来衡量，证券市场的特别之处在于：市场不会永远偏离切线，而是保持在连续的轨道上。所谓市场不偏离切线，是指股票市场在大幅上涨之后，它不仅会大幅下跌，而且还会跌回我们之前习惯的价格水平。我们从来没有见过这样的情景：股票市场整体进入新的价格区域并永远停留在那里，因为股市的基本面一直在变化。我想你们可能曾经以为股票价格出现了新的变化。过去30年，我在观察证券市场期间发生了两次世界大战，经历了一次超级繁荣和严重通货紧缩。如今，我们迎来了原子时代。因此，你们可能会认为证券市场这次或者又一次已经发生了永久性变化，过往记录可能已经不适用判断未来的价值。

当然，这些观点与1940年以来证券市场的发展有一定相关性。虽然过去几年证券市场没有创历史新高，但是高于过去的点位，因此，证券分析师普遍认为股票价格得到了新的价值基本面支撑，而这个基本面与我们过去所习惯的大不相同。虽然个股的整体价值确实比以前大，但是这一点还不足以让我们放弃过往经验，包括过去的价格水平和行为模式。

具体解释连续性原则的一种方式是：当你把股票市场看成一个整体时，根据过往经验，你会发现市场大幅上涨之后，它不仅会下跌（这是显然的），而且它会跌到显著低于前期高点的位置。因此总有机会以低于前期高点的价格买入股票，而不是当前高点。简而言之，投资者可以说他不希望在高位买入股票，因为无论基于历史基准还是分析基准，当前价格毫无吸引力。过去的经验证明，投资者不但有机会以低于当前高点的价格，而且可以以低于前期高点的更低价格买入这些股票。综上所述，如果你乐意，你可以把前期高点作为股票市场危险点位的衡量指标。你会发现历史经验会证实这个实践指南的正确性。因此，如果你看一下道琼斯工业平均指数的图表，你会发现，价格水平从来没有彻底或永远地摆脱过去的震荡区间。这就是我刚才几分钟尽量想说清楚的事情。

解释连续性原则的另一种方式是观察道琼斯工业平均指数的长期盈利

情况。我们整理了从1915年以来30多年的统计数据，特别注意到道琼斯工业平均指数的盈利围绕每单位10美元反复震荡。当然，道琼斯工业平均指数的盈利水平确实在不断偏离每单位10美元。比如，1917年盈利增长到每单位22美元，但1921年盈利为0。数年后，盈利再次回到10美元。1915年，每单元盈利为10.59美元。1945年盈利保持不变。这期间所有的变化仅仅是在围绕中间值上下波动。关于连续性的观点先说这么多。

我想讨论的第二个问题是选股。有个观点严重误导证券分析师和顾问。在股票市场本次下跌的数周之前，我注意到许多证券经纪公司的顾问认为市场将不再上涨，应该从买入的股票中精选个股，只有这样你才有可能从股票价格变化中获利。如果你把选择性定义为挑选一只稍后会大幅上涨或者比其他股票涨幅更大的股票，那么显而易见你将会获利。但是这个定义过犹不及。评论家想表达的意思在他们实际讨论中说得很清楚，那就是如果你买入明显具有良好盈利前景的股票，那么你将跟随市场获利，然而，如果你买入其他股票，你将不会获利。

历史表明，这是一个貌似合理但极具误导性的观点。这正是我为何把这种选股概念称为欺骗性。证明这点最简单的方法是选取道琼斯平均工业指数中的两只股票——国家酿酒公司和联合飞行器公司。你会看到，国家酿酒公司在1940～1942年的平均股价比其1935～1939年的平均价格低。毫无疑问，人们普遍认为公司的盈利前景不妙，这主要是因为战争不利于像威士忌酒这种奢侈品企业。

同样你会发现，1940～1942年，相比一般股票，人们更看好联合飞行器公司。因为人们认为这家公司的盈利前景非常好，事实的确如此。但是如果你根据这些盈利前景的明显差异而去买卖这些股票，正如大部分人已经做的那样，那么你将大错特错。因为如你所见，国家酿酒公司的股价比1940年的低点上涨了5倍多，现在的价格几乎是1940年价格的4倍。而联合飞行器股票的买家在最高点时曾经略有浮盈，而现在应该已经损失了 1/3 的本金。

选股原则可以通过各种其他方式来探讨。

我详细解释这两个原则的目的是希望你们能够彻底明白一个事实：对于华尔街工作的人及其客户看起来简单明了的事实，其实一点也不简单明了。如果你通过这种简单明了的选择，去挑选那些明显具有良好盈利前景的公司，不论是汽车行业，还是建筑行业，或者几乎所有人都会告诉你未来年份业绩良好的公司组合，那么你就不会在证券分析中取得好的业绩。因为这种方法太简单明了，更重要的是它并不奏效。我认为真正有效的选股方法是基于显著的价值差异，通过运用框架完善和充分验证的证券分析技术。我们通过这些分析技术常常可以得到某只股票价值被低估的结论，或者得到该股票至少相比其他股票更具有吸引力的结论。

针对这点我举个例子，我用 1940 年版《证券分析》一书中的 3 组普通股来做一个对比。对比的时点在 1938 年年底，或者战争开始之前。在这 3 组股票中，第一组股票被认为是投机股票，因为价格非常高；第二组股票也被认为是投机股票，因为没有规律性的业绩记录；第三组是那些有吸引力的投资，之所以有投资吸引力，是因为其满足定量分析角度的投资标准检验。下面我说一下这些股票的名称，然后简单说下这些股票现在的情况。第一组来自格雷厄姆和多德的"证券分析"，包括通用电气、可口可乐和约翰斯－曼维尔公司。1938 年年底的组合价格为 281 美元，在最近市场低点的价格为 303.50 美元，这意味着上涨了 8%。

第二组股票除了无法被全面分析，我们并没有实质性的观点，这组股票在 1938 年年底的组合价格为 124 美元，近期最低点的价格为 150 美元，上涨了 20%。

从定量分析角度被认为有投资吸引力的第三组的 3 只股票,在 1938 年年底的价格为 70.5 美元(3 只股票各 1 股)在近期低点的组合价格为 207,或者说上涨 190%。

当然,这些表现可能纯属巧合。你不能仅通过一两个例子来证明一个原则,但是我认为这很有说服力地解释了:你可以通过运用投资指标测试来获得平均结果,这与我所见到、华尔街所强调且在他们分析中起重要作用的泛泛盈利前景存在着显著差别。

我想继续谈一下近期证券市场上涨中最薄弱的地方,那就是新股发行市场。新股发行的总额为数亿美元,并不算大,因为发行的公司相对较小,但我认为这些新股发行对华尔街分析师的立场影响非常大。因为我敢肯定,所有这些认购新股的投资者,并不清楚自己正在做什么,因而他们的心态会由于这些新股投资而剧烈波动。如果认真研究过去 12 个月的典型新股,你肯定会同意证券交易委员会在 1946 年 8 月 20 日的声明(不幸的是仅仅在脚注中进行了说明)。他们表示:"许多新股快速发行,在申请上市注册文件和招股书(prospectus)中已经清楚说明了主要风险,然后却以远远超过任何合理回报可能性的价格而被投资者疯抢,充分证明证券的狂热需求中包括了明显的盲目性和鲁莽性。注册上市并不能解决这个问题。"

事实确实如此。最令人惊讶的是,越是差劲的股票,发行价反而越高。原因是大部分更好的股票已经上市并被大众所持有,市场价格基于买卖双方的正常交易行为。我认为新股的市场价格主要被一个事实所决定:股票承销商可以以任意价格卖出任意股票。因此,出现了新股价格高于其他基本面更好股票价格的趋势。

我认为应该向你们简要说明一下最近公布的一份招股书,大约在一周前被摘录在《标准公司记录》（9月13日）里。我认为这只股票实际上并没有发行，但它的目标价格为每股16美元。公司的名字是北方雕刻制造公司，简要信息如下：发行在外的普通股达25万股，其中一部分按16美元每股的价格对市场出售，这意味着这家公司的市值将达到400万美元。

那么，这些新股东在这只估值400万美元的股票中能得到什么呢？首先，他得到了价值135万美元的有形资产，为此，他付出了3倍的价格。其次，他获得的盈利可以很快计算出来。在最初的5年里，即1936～1940年，公司平均每股利润为21美分；在接下来截至1945年的5年时间里，平均每股收益为65美分。换句话说，这只股票的售价大约是战前利润的25倍，但是一定有某种因素使得这一切成为可能。我们发现这个因素是在截至1946年6月30日的6个月内，公司每股收益1.27美元。根据华尔街的通常说法，人们一直认为某只股票可以按照盈利的6.5倍价格进行发行，该公司盈利的年化每股收益是2.54美元，16美元是2.54美元的6～7倍多。

当其他所有指标都显示股票价格高得离谱时，依然仅仅根据6个月的盈利就向公众发行股票，这将是非常糟糕的。但我认为，换一个角度看，这个案例的不同寻常之处与其业务本质有关。这家公司制造金属铭牌、刻度盘、表盘和面板等，而且以上产品在签订购买合同或获得订单的情况下才会被生产，这些产品主要提供给汽车制造商、控制装置生产商、设备制造商等使用。

我们在证券分析课程中并没有特别强调行业分析，我也不会在这里强调。但是我们应当假定证券分析师需要掌握一些商业常识。他应当自问："一家公司，其业务经营以与某些汽车制造商和其他制造商签订买卖合同为前提，并且该公司的已投入资本和销售收入与这些汽车制造商和其他制造商紧密相关，那么它在这样的产业链中能够获得多少利润呢？"

在1946年前6个月里，公司税后销售利润率为15%，而它以前的税后销售利润率一般在3%～4%。我认为，每个人都应该明白这6个月的盈利基于以下事实：该公司的产品只要能够生产出来，那么就能够全部卖掉，并且在这种市场条件下，该公司能够实现极高的利润。我认为，在更合理的情况下，这种业务注定只能获得很低的销售净利率，净资产收益率只有中等水平，因为这种业务除了给客户提供如何生产小零件的技术诀窍，其他的无从提供。

我相信，这个案例充分解释了最近的新股市场向公众发行的是什么股票。我还能给出其他数不胜数的案例。我想要讲其中一个值得参考的案例，因为它与其他案例情况不太一样。

泰勒飞行器公司是一家小型飞机制造商。1946年6月，该公司以13美元的价格向公众发行2万股股票，公司账面价值为1美元。随后公司董事会投票决定将股票由1股拆分为4股。当前该公司股价在每股2.5美元或2.75美元左右，等同于拆分前的每股11美元。

如果研究一下泰勒飞行器公司，你会发现一些比较奇怪的情况。首先，公司目前的估值水平在300万美元左右，这是在相当弱势市场中的估值。截至1946年6月30日，它的营运资本仅为10.3万美元。它的账面能够拥有这么多的营运资本要归功于以下几点：一是包括本次股票发行的融资额；二是利用《公司法》第722条款，避免将19.6万美元的超额利润所得税按照流动负债记账。不过据我所了解，几乎每家公司都在利用第722条款来尽量减少超额利润所得税。这是我所知道的唯一一家充分利用该条款的好处，却没有将超额利润所得税计入流动负债的公司。

该公司也披露了1年期以上的预付款项，金额为13万美元，这当然不属于流动负债。最后，公司披露了230万美元的股本和盈余公积，这比股票的市场估值还要低。但是即便如此，我们还注意到公司的厂房价值被调增了115万美元，因此我把股本和盈余公积的一半左右叫作随意调增的厂房价值。

关于泰勒飞行器公司本身还有另外一些有趣的事情,如果你把它与其他飞机制造商进行比较,还会发现更有趣的事情。首先,泰勒飞行器已经有一段时间没有发布公告,显然它的财务状况并不良好。因此它把股票发行的数量设置在不需要向证券交易委员会注册的水平。不过,一家财务状况糟糕的公司准备发行股票渡过财务难关,同时将股票1拆4,是十分奇怪的事情。在我看来,这种将股票从11美元拆分为3美元的做法是你所能见到的,它朝华尔街股票买卖中最缺乏智慧的交易方向走到了极致。

但真正让人惊讶的是将泰勒飞行器公司与另外一家叫柯蒂斯－莱特的公司做对比后。在泰勒飞行器公司股票拆分前,泰勒飞行器公司和柯蒂斯－莱特公司的股票价格一样,但是这说明不了什么问题。柯蒂斯－莱特公司与联合飞行器公司一样,当前股价显著低于1939年的平均水平。后者的价格是8.75美元,现在的价格为5.75美元。同时,柯蒂斯－莱特公司已经将营运资本从1200万美元左右增至13 000万美元左右。事实证明,该公司目前的股价远远不到营运资本的2/3。

柯蒂斯－莱特公司碰巧是该领域最大的飞机制造商,泰勒飞行器公司或许是最小的公司之一。有时候,小规模企业有规模小的优势,大规模企业有规模大的劣势。但是难以想象,一家财务状况糟糕的小公司,其价值能够远远超过其有形资产,而同行业规模最大的公司的股票价格却较营运资本大幅折价。在泰勒飞行器公司通过资产评估数据来调增固定资产的同时,像联合飞行器公司和柯蒂斯－莱特公司这样的大公司却几乎将其工厂价值调减为零,尽管它们的工厂占地面积很大,所以这两种典型公司的情况正好相反。

我现在给你们做的对比不仅说明了过去两年证券市场的紊乱,而且还说明了一个事实,那就是在很多情况下,证券分析师能够得出一只股票相对没有吸引力而其他股票具有吸引力的明确结论。我认为这种情况存在于当今市场，因为证券市场一直如此，关于公司的价值存在着巨大且可证明的分歧。虽然这不是绝大多数情况，但是我们强调的这种情况也多得可以让证券分析师的工作变得很有趣。

当我提到柯蒂斯－莱特公司仅仅以不足其营运资本2/3的价格在交易时，我再次回想起第二次世界大战。我想这个案例或许非常适合作为本次课程的结尾，因为它让你们意识到证券市场的连续性原则。

在上一次战争期间，人们刚刚开始研究飞机制造公司，莱特航空公司是该行业的主要厂商。虽然它规模小但是被经营得非常好，而且盈利颇丰。1922年，没有人看好莱特航空公司的未来。你们中的一些人可能记得《证券分析》提过该公司。当时公司每股8美元，而营运资本大约每股18美元。这或许是因为"市场"普遍预期该公司的前景不是很有吸引力。你们也许发现，这只股票后来上涨到每股280美元。

有趣的是第二次世界大战之后，柯蒂斯－莱特公司又被看成是完全缺乏吸引力的公司。虽然这家公司利润颇丰，但是它的股价只占资产价值的很小比例。我不是在预测柯蒂斯－莱特公司会像莱特航空公司在1922年之后那样涨了10年。这个可能性很低。因为，如果我没记错，莱特航空公司1922年仅有25万股，而柯蒂斯－莱特公司大约有725万股，这一点非常重要。但是观察不被人看好的公司会如何发展是很有意思的事情，而不被看好的原因只是这些公司的短期前景被市场的投机思维蒙蔽。

关于柯蒂斯－莱特公司，我想再说一点，这将引入我准备在第2讲中介绍的证券分析技巧。当研究柯蒂斯－莱特公司过去10年的利润时，你会发现每年的利润很好，但是实际的利润远远高于这个水平，因为公司针对利润计提了大量的准备金，而这些准备金最终出现在资产负债表的流动资产这一项里。这一点在当今证券分析技术中非常重要。

在分析一家公司在战争期间的表现时，用资产负债表法，或者至少用资产负债表来做检验非常重要，也就是说，将净资产价值的期末余额减去期初余额，再加回股利。这个合计数调整资本交易后，就得到了公司当期实际实现的利润。在柯蒂斯－莱特公司这个案例中，当期利润表的利润与根据期末期初盈余公积和储备差额计算所得的利润相差达 4400 万美元。仅仅这些额外或者未实际显示的利润就已经超过每股 6 美元，而公司今天的股价也只有这么多。

当前证券分析的问题第 2 讲

熟悉我们教科书的人知道，我们推荐资产负债表比较法的原因有很多个，其中之一是这种方法可以检验利润表的利润。在刚刚结束的战争期间，这点尤其重要，因为报表利润受到很多非正常因素的影响。只有研究资产负债表的变动才能够掌握报表利润的真实情况。

我在黑板上举一个简单例子来说明这一点。它不是特别引人注目。我是在今年年初发现并注意到这个案例的。特兰斯－威廉斯公司和布达公司的股价很高，接近每股 33.5 美元。在研究公司的资料后，我发现投资者在查阅公司报表里的每股收益时，很容易被常用的流程误导，比如查看《标准统计》报告中的每股收益。

现在我讲下具体流程。首先，资产负债表比较法是相对简单的思路，将公司期末股东权益减去期初股东权益，两者间的差额就是公司利润。我们应该对这个利润中与利润无关的项目进行调整，并且加回支付的股利，最终得到当期资产负债表体现的利润。

在特兰斯－威廉斯公司这个案例中，期末股东权益为 297.9 万美元，其中 6 万美元来自当期的股票融资，所以调整后的股东权益为 291.9 万美元。利润总额为 43 万美元，或者每股收益 3.17 美元。你可以随时把利润转为每股收益的口径。加上每股股利 9.15 美元，资产负债表体现的每股收益为 12.32 美元。但是如果对比《标准统计》报告中给出的数据，你会发现 10 年的利润总和是每股 14.73 美元，所以公司实际上在某个地方亏损了 2.41 美元。

而布达公司的情况恰恰相反。我们从 1945 年 7 月 31 日和 1946 年 7 月 31 日这两个日期中任选一个。该公司截至 1946 年 7 月 31 日的财务数据恰好在昨天发布。但是如果出于分析的目的，用截至 1945 年 7 月 31 日的财务数据会更简单一些。

截至 1945 年 7 月 31 日，该公司的股东权益增加了 496.2 万美元，或者说每股增加了 25.54 美元，股利就没有那么慷慨了，只有每股 4.20 美元。资产负债表体现的每股收益为 29.74 美元，但利润表的每股收益仅为 24.57 美元。因此，如果把资产负债表中的各类公积看成股东权益的一部分，而不是公司负债的话，那么该公司的实际盈利比利润表要高 5.17 美元。

如果想找到上述两家公司出现不同结果的原因，你会发现是因为两家公司处理准备金项目的方式有所不同。特兰斯－威廉斯公司的报表利润扣除了准备金，这主要是考虑到了重新议价。实际上，该公司几乎每年都会因为重新议价而发生实际付款（所以提取准备金并不是保守的会计处理）。1942～1945 年，该公司提取的准备金金额合计达 124 万美元，而结果是，重新议价需要支付的金额超过了公司准备金项目的余额。因此，特兰斯－威廉斯公司提取准备金很有必要，用于满足公司未来的付款需求。这些准备金不仅是现实需要，而且实际上累计提取的金额是不够的。我想我应该做些补充说明：虽然特兰斯－威廉斯公司声称提取准备金是为了或有事项，但实际上这就是用于重新议价的准备金，并且实际上被证明提取的金额也不足。

布达公司的情况截然不同。布达公司为重新议价计提了充足的准备金，它不仅从当期利润中扣除了重新议价可能要支出的金额，还设立了应对或有事项的准备金。截至1946年7月，该公司针对或有事项设立的准备金仍有100万美元的余额，这显然并不构成公司实际意义上的负债。

特兰斯－威廉斯公司累积的准备金曾经很多，但是在1945年年末准备金下降到1.3万美元，这说明特兰斯－威廉斯公司很有必要计提准备金（而且计提的金额还不够）。

现在，我暂停下看看你们对于我刚才讲到的内容有什么疑问，即我刚才讲的，为什么使用两种不同的计算方式得到不同的利润，为什么布达公司的实际利润大于报表体现的利润，而特兰斯－威廉斯公司的实际利润小于报表体现的利润。⊖

当前证券分析的问题第3讲

前几天，我注意到另一个与战争会计学相关的术语，即所谓的"LIFO"，意思是"后进先出"。我假定你们大多数人都熟悉这个会计处理，它对一些公司的资产负债表数据有着相当重要的影响，但对公司利润表的影响没有那么重要。

LIFO是一种会计处理方式，自1942年开始实施的新所得税法允许使用这种会计处理。在这种会计处理下，企业不需要将最先购入的商品视作最先被销售或者最先被加工使用，而是允许企业将最后购入的商品看成最先被出售或加工使用。因此，即使在价格上涨的时期，存货的价值仍被压低了，因为无须在物价上涨时调增存货的价值。采用这种会计原则的结果

⊖ 在第2讲余下的内容中，格雷厄姆比较了柯蒂斯－莱特公司和联合飞行器公司的资产负债表，然后引用丹佛与格兰德河流铁路公司的案例讨论了铁路资产的折旧。读者可以在John Wiley & Sons出版公司的网站上获得未经删减的讲义，网址是www.wiley.com/bgraham。

是：①将存货价值降低到市场价值以下，有时可能降低很大金额；②相应地减少报表利润；③最重要的一点是，减少了应缴的税款。

如果你想这样考虑LIFO的作用，资产负债表列示的存货账户余额被低估，也即低于存货的真实价值，或者如果你想以一种更加保守的方式去考虑LIFO的作用，那么可以认为在资产负债表上有一个缓冲垫，它可以在不引起任何现金损失的情况下消化存货价值下降带来的影响。

在联邦百货公司这个案例中，它在几天前公布的报告提供了有关后进先出法的一些细节，由于它面临的税收问题，它认为有必要这么做。该公司表示，自1942年以来，通过使用后进先出法而不是使用通常的先进先出法，其存货和应税利润减少了387.5万美元，这使公司少纳税259万美元；同时在这5年半的时间里，它的税后利润降低大约115万美元。

该公司所提到的困难是，在百货公司这一行业里，要确认某件被卖掉的商品何时购入，实际上是不可能的。因此，联邦百货公司一直在试图利用所谓的零售物价变化指数来判定后进先出法对其会计记账产生的影响。目前联邦百货公司在这点上与财政部存在分歧，财政部认为后进先出法的条款并不允许借助任何价格指数来估计存货成本，因此联邦百货公司必须重新使用原来的先进先出法。

思考一下后进先出法的重要性，你会觉得很有意思，因为它与我们两周前讨论过的工厂设施战时摊销非常相似。回忆一下，这些公司有机会将其最近购买的固定资产减记为零，以获得税收抵免的好处，但是从效果来看，这种行为在一定程度上降低了公司的利润。这和你使用后进先出法后的效果完全相同：你降低了存货的账面价值，虽然可以在纳税上省下一大笔钱，但是在一定程度上减少了公司的账面利润。

我认为对于分析师而言，重要的事情是：后进先出法是过去五六年里公司会计领域新出现的保守因素。这可能会缓冲公司在萧条时期产生的损失,我认为我们应该从有利证券价值的角度看待这个因素。

南太平洋铁路的股票价格比北太平洋铁路高很多的一个原因是,南太平洋铁路股票的股利是 4 美元,而北太平洋铁路的股利是 1 美元。很明显,股利政策的差异将对市场价格产生重大影响。

未来我们必须经常考虑的一个问题是:股利率作为恰当的市场价格决定因素的有效性到底有多高?不可否认,它确实对市场价格产生了巨大影响,在投资者买卖证券的领域中更是如此。

两年前,我们在这里讲授股票评估课程时,比较了雷丁公司和宾夕法尼亚公司。我们发现雷丁公司和宾夕法尼亚公司在盈利和财务方面的表现几乎一致,但雷丁公司满足于向股东支付 1 美元的股利,而宾夕法尼亚公司则支付了 2～2.5 美元。结果,1945 年宾夕法尼亚公司的平均股价为 20 美元,而雷丁公司为 24 美元。在那之前,我认为虽然两者的利润率大致相同,但是价格比应该在 2∶1 左右。

最近我碰巧搜集到一些保险公司的股利政策对股价产生影响的惊人证据。如果你将两家公司例如新阿姆斯特丹意外险公司和美国信保保险公司进行比较,你会发现除了一家公司的股票数量、资产规模和业务规模是另一家公司的两倍,这两家公司在业务和资产特征方面几乎完全相同,每股收益也大致相同。但是美国信保保险公司的股利为 2 美元,而新阿姆斯特丹意外险公司的股息为 1 美元,结果它们的股价分别为 42 美元和 26 美元。

㊀ 第 3 讲经过了大量的编辑,在这一讲余下的内容中,格雷厄姆详细探讨了 LIFO 这一会计处理方法,然后讨论了股息对股票价格的影响,以及区域增长对铁路公司盈利的影响。读者可以在 John Wiley & Sons 出版公司的网站上获得未经删减的讲义,网址是 www.wiley.com/bgraham。

因此毫无疑问，南太平洋铁路和北太平洋铁路两者的股息率就足以解释二者的股价关系，而不用参考分析师可能自问的任何问题。

我们以后必须考虑但现在没必要这么做：分析师能否利用事实来确定两家公司的价值？就是除了股利不同，其他各种指标的数值都基本相同，并且因为股利政策不同导致股价差别巨大的情况。紧接着的问题是：你是否可以预测到，在正常情况下，股利政策会根据利润来调整，因此股价最终也会根据利润来调整，而不是取决于任意变动的股利政策？这是一个很难得出结论的问题，我更愿意在其他时间讨论这个问题。

学生：我听到的一种评价是，因为南太平洋铁路主要位于得克萨斯州西南部，这个地区的增长速度远超过西北地区的增长速度，所以相比北太平洋铁路，铁路分析师更偏好南太平洋铁路。

格雷厄姆：这个问题提到地区之间的发展前景比较，对于铁路股票的分析是相关的。但我必须说，根据我自己的经验，从基于盈利水平和费用趋势的价值分析中你就能够得出有用的结论，相较于针对不同地区蕴含的差异性进行研究的收获更大。

当前证券分析的问题第 4 讲

我发现有一位同学提了一个问题，为这位同学和全班同学考虑，我很乐意回答这个问题。他引用了《证券分析》第 691 页上的一句话："根据多年观察判断，投资明显被低估的普通股的成功率似乎相当高，只要在考虑公司未来盈利前景时保持正常的警惕性和良好的判断力，以及在统计意义上整体市场被估值过高时避免入市。"

这是我们写的，然后这位同学的问题是："读完我们出版的《金融编年史》后，有人会得出这样一个结论，即您认为道琼斯工业平均指数在 185 点时从统计上看非常高。一般而言，道琼斯工业平均价格在超过多少时，您认为是高位？在什么范围内，您认为是正常呢？"

当然，这是一个非常直接和重要的问题，不过我首先要对该问题加以修正。如果我记得没错的话，在 1945 年 10 月期的《金融编年史》中，我们对当时的股票价格水平进行了讨论，我们并没有得出道琼斯工业平均指数 185 点从统计上来看已非常高的结论。我们的结论是：从历史上来看 185 点很高。两者区别很大。我们认为，在过去，当市场超过这一水平的时候，往往意味着它已经进入了一个危险的区域。

就讨论统计数据而言，我认为 185 点左右似乎是去年道琼斯工业指数的正常估值，并且从统计角度看，我们没有特别的理由在这个点位担心市场。我们的意思是，尽管从历史角度有理由担心，但我们倾向于对这个理由保持警惕。就我们能够判断的道琼斯工业指数中心值而言，我们倾向于认为，当前的指数水平或稍微比这个水平高一点的指数水平，很可能就是未来的中枢值。我们在那篇文章中暂时给出的数字是 178 点，即所谓的"评估值"。因此，在当前的指数水平下，没有不利于买入低估值证券需要特别注意的因素。

唯一需要注意的是，如果你正在经历着牛熊市转换（这不是不可能），那么就没有特别的理由相信，当市场跌到平均价值时，它必定会停止下跌。过往市场经验表明，就像牛市时股票价格会上涨到很高的位置，熊市时股票价格也会跌到很低的位置。如果我们正在重复与过去相同的经历，那么历史的相似性会告诉我们，当前股票价格较低，只是因为熊市时股票价格低于股票的内在价值，正如牛市时股票价格高于股票的内在价值一样。

这是否意味着，一个人觉得股票会进一步下跌就不应该买入便宜的股票？这是另一个问题，而且我觉得这主要取决个人情况。我们的观点是，投资者最好直接把钱投入股市，而不是凭感觉等证券市场见底。如果你在合理的情况下投资股票，实际上是在有吸引力的特定情况下投资股票，我认为你应当这样做，哪怕股市会进一步走低，或者购买的股票可能在买入后继续下跌。这个问题的答案很长，但是很有趣。

或许我应该补充另外一个导论性说明。碰巧上周，我注意到一则有关泰勒飞行器公司的消息。第一堂课，我们对泰勒飞行器公司进行了简要的分析，并不看好。去年夏天，该公司以我们看来相当离谱的条件发行股票。我发现该公司现在正处于财务困境，而且已经指定破产清算受托人了。这是证券分析展现其价值的一个相当极端的例子。（笑声）

今晚我们讲课的目的是，开始针对证券分析中影响公司未来盈利的因素进行讨论。在前面两讲中，我们只是或多或少谈到了如何分析公司过去的利润。当然，关于我们面前的这个问题，其实可以写很多内容。然而，从头开始，从最广泛的角度去探讨这个问题，并不是我们的初衷。我们的初衷是假设你熟悉我们在《证券分析》中给出的处理公司未来盈利因素的常用方法，然后对盈利进一步详细分析，特别是关于行业过去几年可能已经发生的事情。

我想用能够让班里至少两位同学感兴趣的话题来开始我的授课，那么就从"盈利能力"的定义开始。这个术语一直以来都被滥用，乃至我准备发动一次运动来正式禁止华尔街对其随意使用。当某人断言某只股票具有很强的盈利能力时，我确信他的听众并不明白他的意思。很可能使用这个术语的人自己都不知道它的意思。

我认为，准确表达盈利能力，必须将其划分为两种类型的盈利能力：一种是公司的"历史盈利能力"，另一种是公司的"未来盈利能力"。很明显，公司过去的盈利能力是相当确定的，并且应当被认为是过去某一特定时期里的平均盈利能力。但是，如果没有特别指明，公司过去的盈利能力就是过去某一代表性时期，比如5年、7年或者10年的平均盈利能力。这才是公司"历史盈利能力"的特定含义。

当你谈到未来盈利能力时，你应该是指该公司在未来某个期间的平均预期盈利。我认为我们大多数人对于接下来谈到的未来期间长短的认识应该相对一致。我建议确定为 5 年，而且当我们谈到某家公司未来的盈利能力时，我们应该记住，在一般情况下它是指公司未来 5 年的平均盈利能力。我之所以说"一般情况"，是因为有的情境下公司未来几年的盈利能力可能受到特殊情况影响，影响接下来几年的盈利能力，这种情况有必要进一步区分。随后，我们将谈到如何分析一家建筑公司的股票，你最好对几年后可能到来的繁荣时期的盈利能力和建筑行业正常时期的盈利能力加以区分，如果建筑行业存在这种情况的话。但是，除了某些特殊情形，比如我们曾经历过的战争时期，我认为，使用"公司未来盈利能力"作为未来 5 年预期盈利的一种一般表达是有用的。

就华尔街对盈利能力及盈利前景的使用而言，我想说，目前在许多人的脑海里，盈利能力并没有被当成某段适当长的时间里的公司平均水平。有人将其视为刚刚实现的盈利，也有人将其看成即将获得的盈利，比如说未来 12 个月的盈利，另外还有人将盈利能力看成无限期长的盈利。

例如，一家具有良好前景的公司，可能会成为一家持续经营并且或多或少增加其利润的公司。因此，当你考虑公司的未来情况时，没有过于准确地指出你说的是什么利润。实际上，关于具有长期良好前景公司的想法不是通过任何特别的利润体现出来，而是通过乘数体现出来，这个乘数适用于公司近期利润或过去一段时期的平均利润。

我想起了 1939 年我们在本课程的第 1 讲中用过的一个分析。我认为，这个分析能够很好地解释上述问题。我们在黑板上给出了 A、B、C 三家公司，其中有两家公司（我们并没有特别指明是哪两家公司）在过去 5 年里的盈利几乎完全相等，每股收益均为 3.5 美元，而且这两家公司各年的盈利也非常接近。唯一的区别是，一家公司的股价为每股 14 美元，而另一家公司的股价为每股 140 美元，股价为 140 美元的是道氏化学公司，股价为 14 美元的则是施格兰酒厂。

显然，14美元和140美元之间的差距意味着，市场认为道氏化学公司的经营前景很好，而施格兰酒厂经营前景一般，或者说比道氏化学公司要差。这种判断体现在乘数的使用上，道氏化学公司的乘数是40倍，而施格兰酒厂的乘数则是4倍。

我认为这代表华尔街非常危险的想法之一，证券分析师应当尽可能远离这种想法。因为如果你能预计出道氏化学公司在2000年的盈利，然后决定该公司的内在价值，那么你当然可以为你希望的价格找到十足的理由。事实上，华尔街真正的做法是，首先盯着股票的价格，这个价格可能不仅是当前的市价，如果你看涨该股票的话，还可能是比当前市价稍高的某个价格，然后确定一个乘数证明这个价格的合理性。这样的分析程序与优秀证券分析师的分析程序正好背道而驰。

我想，如果有人曾经尝试预测在未来5年里，道氏化学公司和施格兰酒厂的盈利将是多少并加以比较的话，那么得出两家公司内在价值的数据并不足以证明两家公司股票价格会有10倍的差距。举出类似有精彩续集的例子总是有用的，因为我注意到今年施格兰酒厂的股票已经涨到每股150美元的高价，之前股价仅为14美元，然而道氏化学公司股价约为190美元，当初的股价是140美元，这两只股票的相对表现差别很大。

我们一直在努力指出未来无限美好的观念是危险的，即使这是对的。因为即使这是对的，然而你可以随心所欲地认为某证券价值几何，那么你可能会轻易地高估证券价值。除此之外，这也是很危险的，因为有时候你对未来的看法本身就是错误的，然后你要为不存在的未来付出巨大的代价，到时你的持仓头寸将十分糟糕。下面我们还会举一些我们遇到的类似例子。

现在，让我回到证券分析师的工作上来，并提出这个问题：公司未来盈利能力这个概念，与证券分析师日复一日认真工作，以及与证券分析师对于证券价值的态度，是一种什么样的关系呢？这种关系在过去很长一段时间里在逐渐发展变化，在最近几年发展速度变得更快。

有趣的是，我们应该回头想一想那些启发我们证券价值这一概念的基本要素，即在一代人或更长一段时间以前的那些基本要素。当我最初来到华尔街的时候，那时每个人都以面值（par value）作为估值的起点，但是，很显然，那并不意味着面值就是股票的价值，而是说股票价值可能高于或者低于面值，也有人认为可以把股票价值看作其面值的某个比例。所有这些都是事实，但我并不知道，你们当中究竟有多少人意识到了这一点，大约在1916年以前，股票通常就是按照股票价值定价的。西屋电器公司和宾夕法尼亚公司，如以150美元的价格发行股票，这意味着每股发行价为75美元，而公司股票的每股面值为50美元。我认为我们现在已经远远脱离面值这个概念，只有那些计算证券交易税的很少一部分人对此感兴趣。由于税费的原因，1美分的股票面值在今天的华尔街，被认为是很划算的。

我能够想象传统投资者的态度，如果他以50美元的价格购买一只股票，并查看一下股权转让证明书，发现所购买的股票面值为1美分，那么他很可能会晕倒。从对价值中心值这一概念相当初级的看法开始，你经过长期发展的很多阶段，现在似乎已经进入最后一个阶段。在这一阶段中，价值中心值就是指公司未来的盈利能力，你在任何股权转让证明书上都看不到这点。事实上，你在任何地方都看不到这点。

我的脑海里经常会浮现出一个问题：从具象到几乎抽象的发展变化过程中，我们是否真正取得过很大的进步？但是无论如何，我们的确取得过很大的进步。如果确定证券价值的目的在于判断股票交易是否公允，那么证券价值以公司未来预期盈利的估值为基础，这已成为一个自然法则。你可以看到联合岩石产品公司（Consolidated Rock Products Company），它是在证券交易委员会的规定里一直被引用的著名案例，还有一些性质类似的案例。

最高法院宣布股票价值取决于未来的盈利能力是一个事实，这并不意味着最高法院已经把检验股票价值的方法作为法律颁布实施，也不意味着这种方法成为适合我们证券分析师使用的检验方法。而我觉得正是我们让最高法院清晰地认识到了这个法则。换句话说，最高法院曾说过，股票价值的决定因素主要与其未来盈利能力相关，因为它发现，股票价值实际上越来越取决于股票买卖双方对于预期盈利的判断。

在这个方面，最高法院落后时代很长一段时间，最近它才赶上时代。我认为，在其他某些方面，最高法院也许仍落后于时代。

股票投资价值取决于未来预期盈利这一概念，与只考虑历史盈利，或者与印制在股权转让证明书上的面值，或者与介于二者之间的其他概念相比较而言，未来预期盈利决定股票投资价值，无疑是一个更具说服力和更富逻辑性的概念。不过，我必须向你们再强调一点，这个概念并没有使证券分析师的分析研究工作变得更加简单、容易，相反，它使证券分析师的工作变得更加复杂、困难，并将证券分析师陷入两难的困境。因为，分析师可以对公司的历史盈利情况非常熟悉，而且可以通过各种技能和才智去研究。然而不幸的是，历史盈利情况并不是公司股票价值的决定变量。股票价值的决定变量是公司的未来盈利情况。绝对有把握地确定公司未来的盈利情况，这是分析师无法完全保证结论正确的事情。

如果不是因为有连续性原则（该原则我曾在第1讲中强调过），对于我们证券分析师来说，那的确是一个相当悲惨的两难困境。尽管决定股票价值的变量是未来预期的盈利能力，而不是历史盈利能力，这是一个事实，但是历史盈利和未来盈利之间存在着粗略的关系或前后相连的趋势，也是一个事实。因此，在一般情况下，证券分析师把大量注意力花在历史盈利的分析上，这作为初始工作是值得的。从历史盈利情况开始，然后根据进一步研究得到的未来情况进行调整。

当然，你们都知道，对于高等级投资级债券或者优先股的选择而言，根据历史盈利预测未来盈利十分可靠，使得完全依靠历史盈利成为可能。实际上我们曾经说过，你不可能根据预期盈利来正确地买入这类投资证券，它们的预期盈利与历史盈利差别很大。你根据未来新的进展去判断证券这是可靠的，而基于历史盈利情况去判断证券却是不可靠的。

但是你也许会说，反过来，如果你根据过去盈利情况购买某只证券，而新的发展结果令人失望，那么你正在承担着进行不理智投资的风险。虽然根据经验，我们发现只要你购买证券的安全边际足够高，实际上每个这样的案例将来都会成功。这类投资并不需要任何预言家的伟大天赋，或者任何预测未来的远见卓识。实际上，就预测公司未来盈利情况而言，就算你不是传说中的预言家，如果你没能取得 2.75% 的收益率，那将是很不幸的。

当然，我这么说并不意味着要确立一个僵化的规则，任何历史盈利具有足够安全边际的公司都可以被视为可靠的投资。如果投资者突然对这样一家公司的未来感到担忧，那么他屈服于内心恐惧，略过这家公司，然后切换到不那么让自己恐惧的公司，这样的逻辑会很完美。但我想说的是，这一点我希望你们都能够理解，在选择高等级证券时，你应该从获取有关历史盈利情况的充分信息开始。在通常情况下，这足以用来证明债券的选择是否正确。我准备停下来看看你们是否有什么问题，接下来我会从普通股估值的简单应用过渡到更复杂的运用。

就普通股而言，证券分析方法已经取得了重要的进步，不再使用把历史盈利情况作为分析依据这种碰运气的分析方法，比如，"我认为未来的前景良好，因此我用高于平均水平的乘数来乘以利润"，或者反过来说，"我认为未来前景并不可观，因此我用更低的乘数来乘以历史盈利"。

通过独立的方式，即通过重新考虑盈利能力所依赖的最重要因素来得到公司未来盈利能力，这在任何优秀的分析中正在逐步成为普遍认同的做法。在通常情况下，这些因素的数量并不多：首先，你预期该公司的实物产量或者业务量；其次，公司出售产品或服务的价格或者单位价格；再次，单位成本；最后，税率。现在，我们通过一项标准的分析方法，把这些环节串起来，并且设定这些连续的数据，当然，这些数据都是估计值。通过这个流程，你可以得到关于未来盈利能力的结论。相比仅仅分析过去一段时期盈利这一单一因素，这被看作并且应该被看作一项更好的技术。

因此，当你对某只证券进行全面分析，想要决定该证券是否值得买入时，我应当坦白地告诉你，是买进还是卖出该证券，取决于你的证券分析是否恰当。而你恰当的分析方法应包括以下要求：首先是按照我提及的方式，估计证券的未来盈利能力；其次是用某个盈利能力乘数，去乘以已估计出的该证券的未来盈利。这个乘数受到你关于该证券主观看法的部分影响，但是这个影响必须被控制在一个合理的范围内。

"我不喜欢这家公司，因此我将用 4 乘以未来盈利，但是，因为我喜欢另一家公司，所以我将用 40 乘以未来盈利"，我确信，这不是一种可以接受的证券分析方法。如果你这样分析证券，那么你的证券分析考试将会不及格。不过，乘以未来盈利的乘数可以有一定的浮动空间。当你使用那个乘数时，你就得到了表明你对该股票看法的估值。

我将继续为说明这种分析方法举些其他例子，不过，我发现我忽略了一条注释，我将该注释放在了页眉上标有"题外话"记号的那一页文件中。这是为了使大家娱乐一下，并以示启发。

你们可能会记得，我曾反复强调过，预测未来并针对将要发生的事提出一些好点子，并不是一件容易的事。现在，让我告诉你某个能透过水晶球推断出有关未来大量可靠信息的人的处境吧。让我们看一看他到底进展如何。我现在假设，你们中的每个人都是幸运的投资者，曾真正地拥有一个水晶球，并在 1939 年预言不同组别的股票公司将以不同的百分比扩展自己的业务量，这些我们在黑板上已经标示出来。

现在我们假设你已知道在 1946 年 9 月，一般的工业股价水平（该价格由证券交易委员会计算公布）将会比 1939 年 1 月高出 29%。事实正是如此。因此这些组别的股票，其价格上涨幅度为 29% 左右。然后，假设回到 1939 年，有人会问你："到 1946 年，这些证券的价格将会发生什么样的变化？"这里举一个例子，该例子是关于某飞机制造行业的，在 1939～1944 年的 5 年里，该行业的销量增加了 31 倍，航空运输业增加了 2.5 倍。我想放松下，要求你们针对 1939 年 1 月～1946 年 9 月这段时期股市价格的变化做一个合理的估计，但是我不会长篇大论而是直接告诉你们结果。

到 1946 年 9 月 16 日，航空运输板块的股票价格比 1939 年 1 月上涨了 274%，应当说，与其业务增长 240% 相比而言，这是一个相当好的表现。然而，在同样的时期里，飞机制造板块的股票价格却下跌了 74%。我并不认为，如果你已经知道两者在销售方面的变化不一样，就能够做出上述预测。娱乐行业和烟草行业均在战争条件下获益匪浅，两者受益旗鼓相当。然而，不同的是娱乐行业股票的价格上涨了 242%，而烟草行业股票的价格却下跌了 10.5 个百分点，差异十分巨大。

虽然轮胎及橡胶生产企业在销售方面做得并不比电器生产厂商好，但是它们的股票价格上涨了 85%，而电器生产厂家的股票价格只上涨了 2%。

金属开采、冶炼行业，在销售规模扩张方面做得并没有如造纸业一样好，但是两者在股价方面的差异相当惊人，造纸业及纸产品应用行业的股票价格上涨了 107%，而金属开采冶炼行业的股票价格同期却下降了 6%。

你可以看到市场变动存在很大的分歧，以至于我们在对未来的计算中，应该多一份小心。因为即使我们知道一家公司的生意及其盈利能力会发生什么样的变化，我们也不能认为自己能够对未来市场价格做出准确的预测，这一点很有意思。正是由于这个新增的理由，我们在决定购买某只证券时应该尽可能的谨慎，同时，我们在思考问题或做出评论时要尽可能地保护自己，每当我们开始对未来做出预测时都应如此。

对于我们正在做的这种分析，我想继续举一个例子予以详细说明，这将围绕如何估算未来盈利这一问题展开，同时将涉及证券估值这一问题。我举两个例子，一个是有关查尔斯公司的。这个例子恰好非常便于分析，因为我们的好朋友——证券交易委员会的工作人员已经竭尽全力对查尔斯公司进行估值，主要是基于未来盈利的估计。他们需要在向法院提交的关于重组计划公允性报告中说明优先股和普通股的相对价值。他们知道确定相对价值的唯一方法是获得企业的总价值，然后将其与优先股追偿权进行比较，所以他们通过精心设计的技术来评估查尔斯公司的优先股和普通股的价值。

或许我们值得花点时间去看他们是如何给查尔斯公司的股票估值的。或许我应当把这件事说得更加清楚。你们当中大部分人都知道查尔斯公司一直处于被托管的情况，很明显该公司现在有偿还到期债务的能力，并且能够很容易地解决自己的债务，因此，重组问题实际就变成了发行合适金额的新证券去置换先前发行的优先股及普通股。

证券交易委员会非常聪明，它决定对优先股和普通股的结构在原先的基础上做一些修正。如果只发行股票的话，那么很有必要决定在新发行的股票之中，优先股占多少比例，而普通股又占多少比例。证券交易委员会面对的难题是判断查尔斯公司的整体价值是多少，比方说如果优先股占公司总价值的75%，那么它就得将新发行股份的75%分配给优先股，剩余部分分配给普通股。

它首先做的事是预测查尔斯公司的销售收入，它估计是1800万美元，稍微低于1945年的数据，因为它假设公司长期来看业务状况不如战争条件下的业务状况。然后，它使用6%的税前利润率，该税前利润率是根据分析研究查尔斯公司及其他餐饮业公司的利润率计算出来的。我相信证券分析师在这一点上不会与它产生很大的分歧。最后它算出查尔斯公司的净利润为 110 万美元。

接下来，它再减去预期的平均税率。这里证券交易委员会决定把当前的税率由 38% 降到 35%，这是非常大胆的推测。估计税率最主要的问题在于，减轻公司面临双重征税的巨大负担是否会在未来以这种方式执行，以期可能免除企业所有或者大部分税负。它的推测跟我的一样，认为这种情况不可能发生，虽然我们都希望如此。

所以税后净利润为 71.5 万美元。这就是查尔斯公司的未来盈利能力，你能够看到这是一种相当简单的计算。这意味它的税前盈利比战争时期要小，但比战前要大得多。

问　　题：他们如何估计查尔斯公司的未来销售收入？

格雷厄姆：我想就对保留一些餐馆、关闭一些餐馆、新开一批餐馆的影响所做的长篇大论进行一下总结。证券交易委员会提道："考虑其 53 家餐馆"（其中包括一些将要关闭的餐馆），"并考虑影响连锁店未来销售不同因素的权重后，我们认为公司管理层预测的未来几年平均年销售额 2000 万美元偏高。为实现这个销售收入，该连锁店将不得不将销售收入在好年景和坏年景中进行平均，这个销售收入比 1945 年这 53 家餐馆实现的销售收入高 10%，从而它比过去十几年里任何一年的销售收入都要高。确实，根据 1946 年前 6 个月的销售业绩，公司管理层估计年销售收入将超过 2140 万美元。然而，我们必须认识到，查尔斯公司正在经历零售高峰期，查尔斯公司当前较高的销售收入不能用来合理预测未来正常年份的销售。我们认为，即使考虑正常的零售生意，该连锁公司未来的预期平均销售收入也将有望达到 1800 万美元，这正是 1945 年这 53 家餐馆所实现的销售收入。"

　　这个结论正是分析方法相当有趣的一点。在预测未来某年公司的盈利时，不能凭空臆造某个数据，而应找到你认为符合未来正常年份情况的过去某一年的盈利，通过这种方式得到相关数据。

问　　题： 难道普通股股东不会对这个销售收入预测有异议，因而否决整个计划吗？

格雷厄姆： 你的意思是说，普通股股东能否对销售收入有异议？

问　　题： 是的。他们可以说销售收入会更高，销售收入应该是2100万美元，或者和1946年的销售收入一样。

格雷厄姆： 你说得非常正确。普通股股东可以那么说，所以证券交易委员会也可以同样那么认为，但是它并没有。当你认真对待这件事所牵涉的司法问题时，法庭针对这种事情会说，证券交易委员会尽职无私，证券交易委员会的预测比利益相关方比如普通股股东提出的预测更好。但是，如果普通股股东能够提出令人信服的证据（而不仅仅是一个执着的争议），该证据表明证券交易委员会的预测与正常的预期不一致，那么法庭将重新审视证券交易委员会提供的数字。

问　　题： 受托人是否代表普通股股东的意见？

格雷厄姆： 不，受托人在正常情况下并非仅仅代表普通股股东。证券交易委员会假定，查尔斯公司受托人的观点具有很强的独立自主性。在其他案例中，证券交易委员会曾一度认为受托人的预测不够独立自主。

问　　题： 证券交易委员会是否在某个地方，将价格水平引入计算之中？

格雷厄姆： 在任何明确的计算中都没有这样做。

问　　题： 如果用1945年的业务水平来做预测，它也许应该对当前食品价格的通货膨胀加以调整。

格雷厄姆： 它在分析食材成本时也许确实考虑了这点，存在供应短缺，且战争年代折价购买食品和酒类的机会已经消失。

问　　题： 我再问一个问题，根据您的观察，零售经营不管是餐饮连锁或者其他形式，严格来看是否就是百分比的问题？换句话说，在给定价格水平后，它会相应上下调整经营成本和售价。

格雷厄姆： 一般而言，确实是这么运作的。它给出税前利润率 6% 这个数字，是基于过往平均经验总结出来的。我假定这是你所指的百分比。比如，在普通餐馆里，食材成本一般占总销售收入的 33%～40%。一旦价格水平确定下来，这个百分比也会确定下来，即使价格出现剧烈变动，相应的百分比也会跟上来，只不过需要一定的时间。1938 年，查尔斯公司的食材成本占收入的比例从 1938 年的 34.7% 上升到 1945 年的 38.5%。

问　　题： 这家连锁餐饮公司在 1946 年面对的普遍价格水平将高于 1945 年，这点是否毫无疑问？您对此是否有过疑问？

格雷厄姆： 没有。

问　　题： 这将自动影响实际销售的数量，对吗？

格雷厄姆： 是的，除非有原因使顾客离开餐馆（即减少消费），但至今我想没有数据表明这一点。证券交易委员会未必把 1946 年看成典型的战后年份，而且事实也可能确实如此。

　　这些问题都很好，与其说是对证券交易委员会所作所为的批评，倒不如说是指出了在任何这样的分析过程中所必然存在的、相当程度的不确定性。你可以为此说的唯一一句好话就是，这种事情必须要这样做。证券交易委员会必须尽可能聪明地履行自己的职责，而你们证券分析师也必须这样，聪明地履行这项职责。但是不要以为你进行了非常仔细的运算，并且保留到小数点后两三位（我有时会看到有人这么做），便认为你对未来将会发生的事情能做到精确估计。你没有这样的能力，未来不会如你所愿发生。

问　　题：我所要提出的问题是，根据竞争会使相对以前较高的税后利润率下降到之前水平这个理论，如果计算税后利润率，而不是计算税前利润率的话，是否就可以避免估计税率产生的两难困境？

格雷厄姆：学术圈内针对公司税的情况有过大量的探讨，比如，关于有的公司税实际由消费者支付并承担税负的问题，或者关于是否只有盈利的公司支付公司税，而亏损的公司则不必支付任何公司税这一问题。对于这些问题依然存在争论，然而很明显，证券交易委员会宁愿遵循这个假设，即利润率应该在税前计算。在实务当中，只要证券交易委员会实际使用的是当前公司税率，那么区分税前与税后利润率的意义就不大。

我们下一步将讨论查尔斯公司的关键问题，而不仅仅是估算未来盈利。因为我认为，对于估算未来盈利这一问题，我们应当遵从证券交易委员会的做法，以及遵从它归纳出的结论，或许我们自己对证券交易委员会的结论做出判断即可。

接下来，他们讨论了乘数，并认为乘数应该是12.5倍，换句话说，证券的资本化率为8%[⊖]。在此基础上，根据已求得的利润，他们计算出查尔斯公司的价值大约是900万美元（即71.5万美元乘以12.5倍）。我认为，应

⊖ 即12.5的倒数。——译者注

该详细说明一下为什么他们选择 12.5 倍作为乘数。他们拒绝接受查尔斯公司的受托人提出的以 10 倍作为乘数的建议，这是他们所做的第一件事。然后他们添加了一条新条款，该条款就是先前那些在税务法庭里经常可以找到的某一条款，在跟证券交易委员会打交道时也是可以经常碰到的。他们说："考虑到所有因素，包括考虑在其他餐饮连锁店广为使用的资本化率这一因素，我们的结论是，查尔斯公司的税前利润估计值为 110 万美元，税后净利润估计值为 71.5 万美元，如果以 8% 的比率加以资本化，得到公司的价值约为 900 万美元。"

这意味着，依据他们的最佳判断，他们将会用 12.5 倍的乘数去乘以税后净利润得到公司价值。我敢向你们保证，税前利润的资本化只是税后净利润资本化的产物，也就是说，税前利润的资本化率是在确保最后对公司价值的计算结果差不多的情况下，根据已确定的税后净利润资本化率倒算出来的。我想，之所以在此给出税前利润资本化的做法，是因为在麦克森和罗宾斯（McKesson and Robbins）的案例中，他们是根据该公司受托人计算的税前利润来估值的。就我所知，以前从来没有这么做过。当然，他们所使用的资本化率完全由自己决定，但是我假设大多数证券分析师使用的乘数不会与他们使用的相差太远。

问　　题：证券交易委员会使用的乘数小于受托人使用的乘数，是这个造成的影响吗？

格雷厄姆：不是，证券交易委员会使用的是更高的乘数。他们首先在一定程度上减少了对查尔斯公司利润的估计，然后提高乘数，因此我认为，二者的估算结果几乎完全相等。

问　　题：你说证券交易委员会用的 8 倍乘数，不是吗？

格雷厄姆：不是，我是说 8% 的资本化率。8% 的资本化率换算成乘数（市盈率）是 12.5 倍，然而受托人使用的乘数为 10 倍。

问　　题：证券交易委员会是不是不赞成受托人使用10倍的乘数？

格雷厄姆：的确是这样，但是这件事过于复杂，在此不深入讨论。受托人所使用的分析方法，即所谓的分部法。他认为，查尔斯公司的权益应分成三个部分：一部分等同于债券，另一部分为优先股，剩下的部分归普通股，而证券交易委员会对此有不同意见。附带提一句，你们应当知道，证券交易委员会凡事都很认真，我的意思是说，它的估值不是经验法则式的判断，或许从我的描述中，你会这样认为。我在此持有一点保留意见，相信你凭着经验法则或许也可以得到差不多的结果。然而，它并没有这样做。当它着手分析查尔斯公司的盈利情况时，它对公司管理方面的因素做了篇幅长达三页纸的讨论。然后，它用三页纸的篇幅讨论了其销售情况，用半页纸的篇幅讨论了食材成本，又用半页纸的篇幅分析了人工成本，然后分别用几个段落讨论分析了其他成本，计算经营利润、固定资产折旧及租赁费用以及间接费用。当完成所有这些讨论之后，它计算出预期销售收入为1800万美元，税前利润率为6%。很明显，大量的工作人员参与了此项工作。

因此，它基于盈利能力得出900万美元的估值。然后它做了一些处理，我非常不同意证券交易委员会其中的一些做法。首先，它根据转回抵免或者类似的项目算出节税的金额，它说它算出的金额为120万美元。然后，它说必须花费180万美元用于维修餐厅设施，因此它扣除了180万美元。最终它从900万美元的公司价值中扣除60万美元的净额，便得到840万美元，这就是通过利润法得到的公司净值。

其后，它把额外营运资本和不必要的不动产价值加入公司净值之中。根据它的计算，两项数据总额为510万美元，从而得出公司最终总价值为 1350 万美元。它必须从 1350 万美元中扣除待偿的 320 万美元负债，这样得到 1030 万美元的股东权益净值。它按面值计算优先股权益及应付股利，其总额为 764.9 万美元，于是剩下的 265.1 万美元就是普通股股东权益。

因此，它得出结论：对于公司即将发行的一个新类别股票，在 70%～75% 的某一比率应该分配给优先股，而剩余份额，即处于 25%～30% 的某一比率，应该分配给普通股。这个结论对于证券交易委员会来说，恰好非常合适。过去，它通常得出很精确的计算结果，比如"我们认为，该公司的股东权益，其中 72.45% 的份额应该通过发行优先股来筹集，而剩余的 27.55% 则通过发行普通股来筹措"。我认为，它现在变得更加老练了，并且认识到它的计算结果只是估计值，应当用大概的区间范围来表示。

事实上，查尔斯公司的资产重组正在进行，其资产重组方案跟证券交易委员会提出的方案非常接近。虽然最初的重组方案是由其受托人及其他很多人提出来的，但是未被采纳，因为大部分都与以上分配份额相差甚远。我就不花时间告诉你们不同方案的内容是什么了，最后受托人将新股 76.66% 的份额分配给了优先股。

当前证券分析的问题第 5 讲

作为开场白，我也许应该回答上次课之后停留在你们脑海中的问题，因为上次课结束得比较仓促。有什么问题吗？在第 4 讲中，我们讨论了证券交易委员会对查尔斯公司的估值。你们可以回忆一下，当时我们认为证券交易委员会对查尔斯公司的估值主要基于查尔斯公司未来的盈利能力，这正是我们感兴趣的地方。但是，估值中包含了一定金额的额外营运资本——实际是偿还债券后的130万美元净额。我在此强调一下，证券分析师倾向于不将额外营运资本加到资产的估值中，除非他确信额外营运资本将以某种方式返还给证券持有者。事实上，部分额外营运资金将用来偿还查尔斯公司的旧债。当然，这部分资金将增强原来公司的盈利能力。因此，我们给的"实际"估值是900万美元，而不是证券交易委员会认为的1030万美元。

自从两周前我们讨论以来，联邦法院基于受托人修改后的提案批准了查尔斯公司的重组计划；联邦法院将股权价值确定为998万美元，比证券交易委员会认定的金额少了大概30万美元。

看下各类证券价格目前隐含的信息也许有点意思。优先股和普通股的市值合计大约840万美元，其中优先股每股价格是155美元，普通股每股价格是7.125美元。这比我们一直在讨论的估值要低，当然这并不奇怪，因为一般经验是，处于被托管状态的公司的证券价格通常低于分析师基于资产重组给出的估值。可以预期，随着企业重新获得公众的尊重并取得合适的地位，公司的估值通常会在一段时期（比如1～2年）后增长。这几乎是一成不变的经验。

这里有关于美国散热器公司大约5页内容的分析讨论，提供了大量行业信息，不仅包括历史信息，也包括对未来的测算，这主要基于其他人对1947年，以及关于1946～1951年新房需求和供给的估计。

然后，他们开始讨论美国散热器公司的盈利能力。在我们谈到的这组分析中，这是他们第一次真正尝试根据盈利能力和乘数的假设来确定公司价值。他们的估值方法如下：首先，他们预计销售收入为1亿美元，这是我们现在熟知的查尔斯公司分析法。接下来乘以预期利润率15%。然后，他们说每股收益是 1.4 美元。他们没有给你计算公式，但是可以这么算：美国散热器公司的税前利润为 2400 万美元，减去所得税大约 40%，得到净利润大约为 1400 万美元，考虑到 1000 万的股本，每股收益就是 1.4 美元。他们又补充："境外盈利大约是每股 25 美分。"这是一个很粗略的估计。因此，他们得出该公司每股收益合计为 1.6～1.7 美元。然后，他们认为在相对不远的未来，由于良好的盈利将在很长的一段时间内持续，所以美国散热器公司的股票即使在当前的价格水平上仍然具有相对吸引力，1946 年 2 月的价格水平为每股 20 元。

一个股票交易所后来使用了这个分析，在不需要什么勇气的情况下总结道：1946 年 10 月 23 日，该股票每股 15 元的价格具有相对吸引力。

在我试着评价这个分析前（也不一定是负面评价），我先谈谈最新收到的报告，标题是《建筑业的蓬勃未来》。这份材料提供了大量建筑行业的信息，以及行业内公司的信息，包括排名第一的美国散热器公司。报告的作者预计美国散热器公司 194× 年的盈利为每股 1.75 美元。他们采用的预期净利润率为 12%，与最终结果存在一定差异。如果你觉得有些疑惑，这个预测也是可以解释的，因为相比较于前述的分析讨论，这个预测更大程度地考虑了来自境外的盈利。

这份报告的分析在两个方面比较有趣，首先他们预计每股收益为 1.75 美元，跟其他预测差异不大。但是他们这么描述预计值："在乐观的条件下粗略估计未来几年的潜在盈利能力就是 194× 的水平。"在报告的其他部分中，虽然没有特别说明，但是他们暗示他们列出来的股票具有吸引力，因为在 194× 年，这些股票的预期盈利能力相当高。事实也正是如此，美国散热器公司那天的股价只有 13.50 美元，如果估计每股收益 1.75 美元代表着未来盈利能力，这就让 13.50 美元的股票价格显得相当合理。

我对上面提到的这些分析（最后两个分析是唯一认真预测未来盈利的分析）的评论是：它们并没有充分强调一个事实，那就是它们使用的盈利能力是繁荣时期的盈利能力，我认为证券分析方法应该认真考虑这一点。

估计建筑行业繁荣时期盈利的方式跟我们熟知用于估计战争时期公司盈利的方式十分相似。换句话说，应该假设建筑行业的繁荣期和战争期都只会持续有限的几年。这期间的超额盈利应该被加到和平时期平均盈利的公司正常估值上。因此，如果你想认真地评估美国散热器这类公司，那么唯一合适的分析方法就是选取正常的盈利能力，而不是用最佳盈利能力去评估公司价值，然后根据公司经营良好年份的业绩对正常年份的业绩进行合理的调整。

如果你想要悲观一点，我想说你可以批评那种方法；因为你可能坚持认为，繁荣期只是建筑业周期的一部分。所谓的超额盈利并不是真正的超额盈利，只是正常盈利中比较好的部分，这部分盈利将在建筑业低谷期被抵消。这种评论也许有道理，但无论如何，我认为我之前谈到的方法应该是你尽可能使用的方法。

问　　题：是什么因素让您估计销售收入约为 1.6 亿美元，哪些因素没有被考虑进去？

格雷厄姆：你的意思是它们是繁荣期的销售收入？

问　　题：或许他们已经考虑进去了。

格雷厄姆：我可以给你一个具体的原因。他们认为，美国散热器公司的盈利能力与预期的住宅建筑总量紧密相关。他们不厌其烦地预测 1946～1951 年市场上住宅建筑的需求量和供给量。1947～1951 年，预计每年将有 100 万套住宅完工。最后需求缺口将得到彻底改善，根据他们的统计，房屋的需求量会下降至每年 55 万套左右。换句话说，大约相当于 50 万套新家庭的需求加上拆迁需求。按照这种计算方式，到 1952 年你会发现新建房屋单元的预期数量不及他们预测 1.6 亿美元销售收入所假设新建房屋单元数量的一半。

当然，另一个原因就是公司在 1939 年实际实现的销售收入仅为 8000 万美元，1938 年为 6800 万美元。因此，即使考虑到房屋售价有所提高，1.6 亿美元的销售收入也明显偏高。

还有其他问题吗？这类问题很好，因为它们有助于厘清这些分析评估背后的推理逻辑。

在我看来，类似评估美国散热器公司的方法应该与以前使用的方法有所不同。你不应该以最佳盈利为出发点，而应该以你认为公司具有的正常盈利能力为出发点开始分析。

战前，该公司的盈利一直保持在每股 50 美分左右，并且我假设如果你将该公司战后的盈利定为每股 1 美元的话，那么说明你对该公司的盈利前景足够乐观，就像你有权在建筑行业繁荣期结束后还很乐观一样。我倾向于认为这种估计过于乐观。正如现在所看到的，假设建筑周期仍然像过去一样运行，那么当建筑业繁荣期消退后，你可能会经历一段盈利水平低于正常水平的时期。不过，如果你们接受每股收益 1 美元的事实（我认为这个盈利有点随意），那么我认为乘数（即估值倍数，此处为市盈率）可能为 12～15 倍，对比该公司的历史业绩，这个乘数稍微高了一点。不过，美国散热器公司还存在一些优势，比如规模很大并且势头强劲，人们也普遍看好该公司，几年前该公司还是一个盈利大户。因此，我认为在正常的情况下，该公司股票的估值可以被预估为每股 12～15 美元。

另外，你应该在预期的正常盈利额基础上加上繁荣时期的超额盈利额，每股 75 美分。如果你用 4 去乘以超额盈利额，这又有一些随意，这样会多得到 3 美元的估值。所以，估值变成每股 15～18 美元，我的一些疑问给公司带来了估值提升的好处。我认为这个估值对于在过去一年里任何时间的美国散热器公司都是适合的，不过按照1946年年初的价格买入该股票进行投资还是有理由保持一定的谨慎的。

关于这个主题，我再补充一下，投机性的购入股票是完全合适的。这么做不是犯罪。你在购买股票进行投机时，把投机性因素考虑进来是非常正确的做法，因为这与投资的因素不同。从投机的思路来看，如果公司预期未来3～4年的盈利都能达到每股1.75美元，市场将充分反映这些盈利，而忽略这只是暂时性的盈利性水平这一事实。

事实并非总是如此。比如，虽然战争期间的市场并没有把战争期间的盈利看成永久性盈利，但是市场确实有把周期性盈利看成永久性盈利的趋势，市场认为繁荣期的盈利是永久性的盈利水平。因此，在整体市场情况比较好以及建筑周期的繁荣阶段时，美国散热器公司的股价很可能远高于我们刚才提到的每股15～18美元的估值。

我们一定不要忘记，在不久前的1942年，美国散热器公司的股价仅为每股3.75美元。我们现在要说的是，美国散热器公司的股票属于投机类证券，一是根据该公司业务性质判断；二是根据它是普通股这个事实判断。正如美国散热器公司的股价在行情不好的年份是4美元，而在行情好的年份是30美元，两个价格在基本面上都可以是合理的。我们的估值方法是一种投资分析法，它倾向于告诉你股票的中心价值。这种方法主要是让投资者感兴趣，但是之后又会引起聪明的投机者的兴趣。因为，当投机者跟随这种情况进行投机时，他可以看到股价偏离中心价值有多远。

我喜欢这样的问题，因为我认为这很重要。

问　　题：如果我们只估算未来5年的盈利，那么当你谈到行业正常盈利期时，你的分析是否会超过5年？未来5年可能就是繁荣期。如果你尽量寻找正常盈利期，那就会超过未来5年，结果未来5年的盈利将会高于正常盈利期的利润。

格雷厄姆：是的，你说的这点是对的。如果我没记错的话，我在之前的课程里也强调了这一点。当时我是这样说的，一般而言你应尽量估计未来 5 年的盈利，也可能是 5～7 年，但是也有一些例外。并且，我记得建筑业未来 5 年不应该被当作正常盈利期。这样对分析师就很不利，因为考虑的正常盈利在如此遥远的未来，导致正常盈利计算出错的可能性大大增加。但是关于这点没有办法。你不能将未来 5 年繁荣期的盈利情况当作正常水平，所以你必须跳过繁荣期去预测后面的盈利情况。

问　　题：但是，当市场考虑一家公司的盈利情况时，如果一家公司持续 5 年保持高利润回报率，那么市场会不会根据这个盈利能力的时间长度，给股票更高的估值？

格雷厄姆：会的，因为股市倾向于用 15 倍左右的标准乘数乘以利润，而不仅仅是按照我们建议的将额外盈利乘以 4 倍乘数加到估值上（我现在指的是盈利里面的非正常或者额外部分）。投资者对于类似美国散热器公司的股票的看法就会与市场脱节。

　　事实上，投资者的步调经常跟市场不一致。这对于投资者来说也并不是什么新奇的经验。但是我认为，投资者了解一下股票的合理价值还是有用的，即使当前市场可能完全没有反映合理价值。

我要提醒你们一点：不要花太多时间对公司和行业定位进行过细的分析，包括不要统计该公司所生产的或者将要生产的浴缸数量。因为，你试图这样做只不过是想让自己觉得，由于你花了很长的时间来研究和收集如此多的数据，所以你的预测一定会很准确。但是事实并非如此。它们只是非常粗略的估计，我想我和你们都可以在半个小时内给出关于美国散热器公司的这些估计,不需要花费好几天甚至几个星期来研究行业。

关于这个问题,最后我想告诉大家,近年来一种精细的预测技术已经获得发展并被用于预测某一就业水平或某一国民生产总值水平下各个行业中的交易额和交易量。经济发展委员会已做过此类研究,该项研究为你估计出,在充分就业条件下工业总产值会是多少,商业部也曾做过类似的研究。想从事这方面研究的人应该从这些预测值开始着手分析,根据你自己的判断去接受或思考。如果你接受,你可以根据最初你设定的单家公司销量与行业总产量的关系来预测。根据充分就业、温和失业和大量失业,你可能会做出三种不一样的预测,相应地,你会得到三个不相同的销售收入估计值。这是一项新的技术,我认为你会发现将它应用于证券分析是很有趣的。

当前证券分析的问题第 6 讲

我首先要澄清一点,在任何获得关于未来盈利能力看法的尝试中,不管是整个市场还是个别股票,分析师都不是透过水晶球得到特定时期预测的正确答案的。分析师真正努力做的事情是明白自己应该如何行动和思考:对于总是如谜团一样的未来,证券分析师的逻辑思考能够走得多远?

我认为,我们中的任何人都不可以傲慢地认为,因为自己是非常优秀的证券分析师,或做过非常精妙的计算,所以我们就能完全确信结果是正确无误的。我们能唯一确信的是,我们在理智并且聪明地行动。如果我们出错了,正如我们很可能出错一样,那么我们至少犯的是一个聪明人犯的错误,而不是傻瓜犯的错误。(笑声)

我曾研究过 14 家公司在 1914 年前后的情况，它们大多数都是道琼斯指数成分股。通过比较它们战后和战前的盈利能力，我发现 7 家公司的盈利变好，6 家公司的盈利变差，还有 1 家持平。这只股票就是美国钢铁公司，虽然其战后期间盈利大幅波动，但是其战后 5 年的平均盈利与战前 3 年的平均盈利相等。

这些结果本来应该更让人满意，原因是在 1920～1922 年，我们的经济经受了一场严重的大萧条。大萧条的影响使得当时的平均盈利大大低于在正常经济情况下应有的水平。你们应该记得 620 亿美元，就是我告诉你们的那 5 年平均的国民收入。但是国民收入每年的波动非常剧烈，这给公司的盈利带来了不利影响。在商业活动中，你在异常繁荣时期所赚到的，并不会比你在大萧条时期失去的多，这几乎是一个亘古不变的定律。

我对下面这点的印象越来越深刻，那就是历史在很多不同领域中不断自我重现的可能性。如果你抱着这个简单直白的结论——当前股价水平并不算太高，那么你在华尔街上走不了太远。在结论通过令人满意的经验证明自身有效之前，大量的水很可能将不得不漫过水坝。这正是为什么在这堂课中，我们一直在努力强调，要尽量基于分析去买入那些不但不贵，而且极其便宜的证券来获得特定的保险，以对抗不利因素的风险。如果你那么做，你总是有权告诉自己，你与证券市场无关，同时还是一个以优惠条款拥有部分公司的股东。当股市行情走势不如你所愿时，把自己置身于这种心理状态有着巨大的好处。

我相信整体估值有很多优点，因为当你集中考虑许多股票时，你的错误可能会相互抵消，这比你集中考虑单只股票会更加精确、可靠，因为单只股票的估值变动范围会很大。

而且，没有什么可以阻止投资者基于整体来处理自己的投资问题，没有什么可以阻止投资者买入道琼斯工业平均指数，虽然我们没有听说有人这样做，但是我觉得投资者这样做的意义十分重大。

比如，当我们谈论购买估值相对便宜的股票时，更需要强调整体操作，因为实际上你在进行一种可以认为是保险型的操作，这时显然你在对所有单家公司（individual company）进行分析方面都具有优势。在单家公司的情况下，这种优势或许会消失，或者没有被认识到，但如果你是一名称职的证券分析师，那么你应该能认识到整体操作的这种优势。尽管如此，我必须提及一句，身为一名面向大众的执业证券分析师和证券投资顾问，你们无法在所有工作中获得这种优势。因为我确信，有人会迫使你们对单家公司做出十分明确的结论，并且你们不可能将这些结论隐藏在整体分析的结果之中。

当前证券分析的问题第 7 讲

晚上好。在上次讲座之后你们都休息了一个月。我希望你们度过了一个愉快的假期，现在要准备用功吃苦了。

回忆上一次课的内容，我们主要把道琼斯指数的成分股当作一个单位，讨论它的预期盈利能力以及预期市场的中心值。

你们现在也许会问一个问题：道琼斯指数成分股的利润如何？应该怎么评估？又会得到什么结果？

碰巧，这项工作至少有人已经从预期盈利能力的角度做过了。你们可以在《分析师杂志》1945 年 7 月刊的一篇文章中查到。文章题目叫《战后活跃年份的盈利估计》，作者是查尔斯·柯林斯。他在文中估算了道琼斯指数所有公司在战后年份的盈利以及这些盈利的总额。

他算出的盈利总额在每单位 15.96 ～ 17.58 美元。或许你们还记得，我的计算结果大概是每单位盈利 13.60 美元，因此，我的计算结果明显比柯林斯的结果要低很多。实际上，事实或许并非如此，因为柯林斯计算的是战后某个活跃年份的盈利能力，然而，我在第 6 讲中使用的盈利能力应该代表着单位道琼斯指数未来的平均盈利能力，已经将好坏年份一并考虑。

有趣的是，你会注意到柯林斯对单家公司战后盈利能力的估计值，相对于其战前盈利能力（比如 1940 年的盈利能力）发生了很大变动。我或许可以读一些数据给你们听，来说明不同的公司预期是多么不同。这里有 4 家公司的盈利能力预期较 1940 年大幅提升，它们是：美国冶金，每股收益由 4.21 美元上涨至 9.50 美元；克莱斯勒，每股收益由 8.69 美元上涨至 17.75 美元；约翰斯-曼维尔，每股收益由 6.34 美元上涨至 14.75 美元；固特异，每股收益由 3.44 美元上涨至 8.60 美元。

这里还有 4 家公司，如果有盈利增长的话也很少（在此，我采用数据区间的平均值），它们是：美国电话电报公司，每股收益由 10.80 美元下跌至 10.50 美元；美国烟草公司，每股收益由 5.59 美元上涨至 5.90 美元；美国酿酒公司，每股收益由 3.28 美元上涨至 3.35 美元；伍尔沃斯公司，每股收益由 1940 年的 2.48 美元上涨至战后的 2.62 美元。

柯林斯没给出计算方式的细节，但还是给出了计算过程，你们可以很好地照葫芦画瓢。

他从商务部经济发展委员会编制的工业销售预测数据开始，调整后得到国民收入是 1120 亿美元。这是一个很保守的数字，因为 1946 年的国民收入是 1650 亿美元。

他没有直接把每个行业的销售增长百分比应用于某家特定的公司中，而是考虑 1929 ～ 1940 年这段时间，单家公司的销售增长趋势相比整个行业可能好也可能差。换句话说，他假定如果一家公司在 1929 ～ 1940 年的销售增长比其行业要好，那么就按比例提高其销售收入增长百分比；相应地，对于表现比行业差的公司，就按比例降低其销售收入增长百分比。

根据预计销售收入和战前成本费用率就可以计算得到公司的税前利润。他使用40%的税率，得到了他的数据，一个允许潜在调整的小幅区间。

你可能记得，虽然我们使用的利润率明显低于战前水平，但是我们使用了相对较高的国民收入和较低的预期税费。

这些分析方法的差异表明，用于预测未来盈利能力的方法并非唯一，也表明个性化决策将不得不发挥相当重要的作用。但是，分析方法上的差异不太可能像市场对不同公司发展可能性的认知差异那么大。

我不想评判柯林斯的分析方法，但有一点除外，因为我认为这点值得深究。他假设1929～1940年显示的趋势会在以后延续，这看似一个自然而然就能做出的假设。但是，我想提醒你们不要太依赖这个假设。

几年前，我们针对盈利趋势是否能持续这个问题做过相当深入的研究。我们曾努力寻找，在1926～1930年，盈利情况有所改善的公司曾发生过什么事情，并把这段时间这些公司的盈利情况与1936年的情况进行比较；同样，我们也曾试图寻找，在1926～1930年，盈利状况没有改善的公司曾发生过什么样的事情。我们发现，没有保持盈利趋势的公司数量，至少跟保持盈利趋势的公司数量相等。这点在所有的未来预测中都是重要的考虑因素。

事实上，柯林斯自己也说，当他接受这种趋势时，有时他发现他得到的盈利过大，于是出于保守起见，他觉得有必要下调这些盈利，我想他或许是正确的。

现在，我想要回顾下证券分析师对华尔街整体的看法，就是在证券市场上，他自己的活动范围是什么，他从事分析证券并从其分析中得出结论所采用的方法是什么。

我认为，证券分析师对各种证券进行整体分析时，可以使用两种具有本质区别的分析方法：第一种我称为传统法，主要基于定性和预期；第二种与第一种刚好互补，我称为穿透法，则是基于价值的。由于这两种不同的分析方法与分析师的实际行为关系紧密，我们先对它们进行简单描述。

传统法可以分成三种相互独立的证券分析方法。第一种是发现绩优股票，就是"优质的股票""强大的公司""护城河牢固的公司"或者"高质量的公司"。以合理的价格购买这些公司的股票很可能是安全的。这似乎是一种足够简单的方法。

第二种是，选择长期盈利增长超过平均水平的公司。它们一般被称为"成长股"。

第三种是一种处于两者间的方法，通过挑选出公司，并预计不久的将来公司业务经营将好于一般公司。所有这三类行为我称为传统法。

第二种分析法分成两小类方法：第一，每当证券市场处于低位水平时买入证券，只要分析师判断市场水平处于低位即可；第二，当特定或者个别证券的价格比评估或者分析价值低很多的时候，买入这些证券。

我对评估师或分析师本身做一个小评估，然后简单评价下我已经向你们简单描述过的5项行为。当然，我现在基本在表达我的个人看法，这种看法来自经验、观察和大量思考。但是无论如何，这不应该代表关于证券分析师工作情况的标准观点。

回想一下，第一种分类是简单地发现好公司和好股票，并且任何人都倾向于愿意从事这种轻松又初级的工作。我的经验让我得到了另一个结论。我认为，这是三种传统法中最有用的方法，只要你尽职尽责确保"好股票"的价格没有超过保守价值的区间。

投资者按照公允价格买入好股票是不可能犯错误的，或者说不会犯糟糕的错误。他们犯错误通常是因为买入了糟糕的股票，尤其是买入了那些由于种种原因被推荐的糟糕股票。有时候他们犯的错误是在牛市冲天时购入好股票，实际上是常常如此。

因此，我有必要给投资者提一条简单的建议，能够帮助投资者走上正确或者尽量正确的道路上。我认为是很有价值的建议，那就是："好公司，价格整体合理"。我认为，这句忠告也是投资顾问公司投资政策的关键，尽管投资顾问并不是一项十分轻松的商业活动，但这一点代表了他们生存的能力。

当你偏离上面那种简单但有价值的工作时，比如告诉一个投资者以每股 25.75 美元的价格买入通用汽车和通用电气比买入巴克兄弟（Barker Brothers）更安全，当你从上面的那种行为转为另一种行为时，你进入的是更加艰难的领域，尽管它看起来非常有趣。那就是选择成长股，是长期以来最受证券分析师欢迎的工作，或者说是分析师最看好的。

成功买入成长股需要两个明显的条件：第一，成长股的成长前景能够实现；第二，市场并没有对其成长前景大打折扣。

对于某些成长股而言，这两个条件确实可以满足，因为证券分析师发现了它们，而且这项工作赚到了令人满意的利润。但是，选股结果由于选股者的技能差异或者还有运气因素而千差万别。有一点我相当困惑，那就是你是否可以建立一种可供交流的技术，就像一位好的导师传递给他的学生那样，通过这种技术，你能够发现那些不仅有成长前景，并且成长前景在市场上还没有大打折扣的股票。

换个说法：我认为，发现成长股归根到底得靠聪明或者敏锐，但是我并不认为这是好的证券分析师的标准品质。我并没有任何反对它的意思，只是在我看来，要求具备那些相当稀缺的品质，已经不是证券分析的一般做法或准则。

我也许宁愿说，应该要求证券分析师明察善断，具体来说：技术过硬、富有经验且做事谨慎。但是我并不知道，哪种类型的智慧特别适合在这个市场中成功选择成长股，这是一个无论是选择成长股还是在其他方面都充满了惊讶与失望的市场。我记得很多这样的例子。如果你选择化工行业的公司（这类公司从我懂事以来，一直是成长股的标准典范），那么你将会发现，长期以来，这些公司的股票表现相比其他公司的股票让人很不满意，仅仅因为这些公司也曾风靡一时，而那时其他公司却不受待见。

如果你选择航空运输股，基于成长的理念选择这些证券进行投资，在我看来这是一种投机性极强的行为。我不知道如何通过完善的证券分析技术分析这些股票。你们知道，在这些行业以及曾被认为有着特别成长前景的很多行业中都存在着很多危险。

现在我讲下传统法的第三类行为，我认为这种行为在华尔街机构的日常行为中做得最多，比如行业或公司运营调查，希望能发现一个行业或公司在未来 12 个月里将会有不寻常的好业绩，因此应该买入某只股票。

我想说我对华尔街的这种做法深表怀疑，可能因为这是证券分析师打发时间最流行的一种方式。我认为它天真到了极致。有种想法认为证券分析师通过判断某家公司将在下一年表现良好，同时这种判断来自严谨的效用标准，于是就如获至宝，把他的发现变成一条无条件买入股票的建议。这种想法在我看来仅仅是对于真正的证券分析的东施效颦。

举一个典型例子。比如，有什么理由认为，因为美国合板公司的业绩在 1947 年将比 1946 年更好，而国家百货商店的业绩在 1947 年很可能比 1946 年更糟糕，所以就认为美国合板公司的股价就应该是 34 美元，而不是国家百货商店的 17 美元呢？其实，在公司次年经营业绩与按照市价买卖股票两个概念之间，几乎没有任何必然的关系。美国合板公司的股价为 34 美元，或许是由 3 年优秀的利润折现而成的，国家百货商店的股价为 17 美元，从理论上看，则是由 3 年较差的利润折现而成的。在很多情况下，理论和实际均是如此。

我想提一个具有实践意义的建议，我之前讲的在你们看来或许仅仅是一些理论分析，但是如果你们像证券分析师一样，把传统法的各项行为执行下去，那么一些相当明显并且严谨的条件就会融入你们的思考，或许会体现在你们自己撰写的报告里。通过这种方式，你们可以确定自己正在履行证券分析师的职责。如果你们想为客户挑选优秀的股票，即业绩好、经营稳健和可观的股票，那很好，我完全同意。但是当你们做出这种推荐时，你们要确定并明确指出，股票价格处在公允价格的范围内。当你们为自己或者客户挑选成长股时，你们要确定并明确指出，购买者按照现价购买股票已经为成长因素付出的大概价格，并将其与成长前景仅是平均水平时的合理价格进行对比。然后确定并声明，根据分析师的判断，成长前景是否值得一个谨慎投资者付出当前的价格。

我希望能在证券分析及通告里看到类似这种描述。在我看来，这种推荐股票的流程能够让你们获得一些说服力。

最后，如果因为短期前景良好而推荐某只股票，你们应该确定并说明，根据分析师的判断，市场价格及该只股票最近的市场行为是否已经反映了分析师的预期。当你们确定股价还没有反映预期，并且判断市场行为也还未体现这一预期的可能性确实存在时，那么因为短期前景良好而推荐某只股票，你们的行为至少有一定的合理性。

我关于证券分析师传统行为的评价，或许有一点偏见，你们是否有问题？

问　　题：您是否将您的短期估值，即在您的第三点中提到的概念，限定为 1 年？

格雷厄姆：我一直认为，短期应该指 1～2 年，然而大多数人在这点上，对未来 12 个月比较满意。

让我们花 5 分钟的时间，谈论一下非传统或说穿透式证券分析，这种分析强调价值。

第一类代表在整体市场低位时购买股票，当然这只是一种照本宣科的流程。每个人都知道这么做从理论上来说是正确的。这点无须解释或辩驳，但是仍有一点需要明白，因为看起来似乎很少有人持续这样做，并且成功了。

你要问的第一个问题，当然是："你怎么知道那个市场价格就是低位？"我认为，这点很好回答。证券分析师确认市场的低位，主要是根据市场过去的行为方式，凭借某些简单的估值方法，比如我们一直在探讨的方法。记住，优秀的证券分析师，不会因为市场的时喜时悲，就改变他对于未来5年盈利将是多少的想法。只有当他确信非常重要的某些潜在因素发生了某种变化时，他才会改变自己对于未来平均盈利的看法。

现在，他也可以遵照一种机械的市场操作系统行事，如果他愿意的话，比如说你们很多人熟悉的耶鲁大学分析法。按照这种方法，当股票价格上涨时，你就卖出一定比例的股票，或者当股票价格下跌时，从某个中位数或者平均水平开始，你可以将一定比例的债券卖掉换成股票。

我相信这些策略是好的策略，也经得起经验的检验。当然，有一条很严肃的反对意见，那就是，"每次喝水都会间隔很久"。为了找到周期性的机会，你不得不等待很长一段时间。你将变得疲惫不堪、坐立不安，尤其如果你是一位拿工资的分析师，将很难通过等待周期性低迷市场的转好，来证明你的工资是有价值的。显然除此之外，你想要做点其他事情。

如果你有价值思维的话，你将自然而然地想到，在证券市场的任何阶段中买入价值被低估的个别证券。这是能够成功做到的，并且应该这么做，但有一个例外，就是当市场整体处于高位时，购买价值被低估的证券并不明智。明白这一点特别困难，因为从表面上看，市场高位正是购买价值被低估的证券的时机，因为这些证券的价值低估在这时看起来最为明显。比如，如果你以13美元的价格买入曼德尔公司，当市场整体偏高时，其营运资本就更高，看起来似乎比当市场整体处于平均或者偏低水平时买入更好。

但奇怪的是，经验表明事实并非如此。如果整体市场处于很高的位置，将要出现大幅的下跌，那么你以 13 美元的价格买入曼德尔公司，将会让你暂时很不高兴。这家公司的股票在某次崩盘中很可能也会大跌。不要忘记，如果曼德尔公司或者其他公司的股价低于你认可的价值，那它这么便宜是因为它不受欢迎。当整体市场持续大幅下跌时，它也不会变得更受欢迎。它受欢迎的程度通常会随着整体股票受欢迎程度的下降而下降。

问　　题：格雷厄姆先生，是否存在您可能称之为"负能量流行"的现象，比如艾奇逊公司这个特例？我的意思是说，在下跌市场中，毫无疑问低估值证券的价格将会下跌，但是这种证券的下跌速度会跟某些蓝筹股一样快吗？

格雷厄姆：从比例来看整体上确实如此。低估值证券的价格下跌将与其他证券大体上旗鼓相当，因为低估值证券一般是价格比较低的证券，而价格较低的证券比价格较高的证券在严重的衰退中，更倾向于按比例下跌更多。因而你可以找到几个技术方面的理由，说明为什么在证券市场处于统计意义高位时，购买低估值证券并不会真正获利。

如果你非常确定市场严重高估，那么更好的策略是持有现金或者国债，而不是买入廉价的股票。然而，在其他时候，当然是在大部分时间里，低估值证券的领域有利可图，并且非常适合分析师进行研究。我们将在第 8 讲中继续探讨。

当前证券分析的问题第 8 讲

可以说，在研究被低估的证券时，分析师可能对一些具体的企业发展很感兴趣，进而对合适的公司发展战略也很感兴趣。从对公司战略感兴趣升级到批评错误的战略并积极推动正确的战略,上述这一切,分析师认为这都是出于股东的利益。确实,市场中相当大比例的证券被低估的现象都可以通过公司内外部的恰当行动来消除。

因此,随便想想也知道,专注于被低估证券的专家发现自己变成了华尔街厌恶的、贪得无厌的股东。

关于这些贪得无厌的股东我想说几句。我认为,股东的问题在于他们中贪得无厌的人还不够多。华尔街最大的问题之一在于它不能区分公司事务中真正的麻烦制造者、"罢工诉讼者"和有合法抱怨权的股东,而股东的合法抱怨值得引起管理层及其他股东的注意。

问　　题:联系到投资收入,确定投资收入的方法是否可能有点保守,换句话说,按照我的理解,投资收入应该包括利息收入和股利,而不包括资本增值。

格雷厄姆:是的,我很高兴你提出了这个问题,因为在保险公司的投资中,我忽略了要考虑资本增值或贬值这个问题。

关于这个问题,我想要回到为什么在 20 世纪 20 年代保险股那么受欢迎的理由上。当时的分析表明保险公司的股东是幸运儿,因为他可以有三种不同而且很有价值的收入来源。第一是保险业务,保险业曾被认为是一个很好的行业,尽管当时没有人分析过这项业务在盈利方面的贡献如何,但人们只是想当然地认为,这个行业对股东来说是个很好的行业。

第二是你能得到本金的利息,不仅仅是你自有本金的利息,而且还包括投保人支付的预收保费及未被支付的损失赔偿金所产生的利息和股利等。因此,1 美元的自有资金能够带来大约 2 美元"为你工作"的效果,并获得投资收入。

第三是你拥有极其能干的投资团队帮你把资金投向各种证券，并为你赚取大量的利润。

当然，他们在20世纪20年代市场上涨时为你赚得了不少钱，同时在20世纪30年代早期市场下跌时又损失了不少钱。同样的事在1937～1938年再次发生，他们在1937年3月以前赚取了一大笔钱，而在之后的市场下跌中又损失了许多钱。

我相信经过这些历史的洗礼，如今成熟的投资者并不愿意向保险管理层赚取资本增值的能力支付太高的对价。于是，我们并没有像信托投资那样对保险公司的投资业绩进行检查和仔细分析，因为这种业务不像信托投资那么容易分析。但这是可以做的。我将给你们一些有关美国公平保险公司在20年内的一些数据，来说明该公司在那段时间是如何开展投资和保险业务的。

但是整体而言，要回答上面这个具体问题，目前没有一位投资者（我相信也没有一名证券分析师）愿意特别赞扬保险行业按照其股票本金价值投资证券的赚钱能力。保险公司在好的年份会赚钱，在不好的年份会亏钱。这么说可能有点不公平，但是我确信这是目前证券分析师的普遍看法。

问　　题：您能否花几分钟区分下保费收入与承保利润这两个概念？专业性有点强，什么是承保利润呢？

格雷厄姆：承保利润就是从保险业务及其他类似业务中赚取的利润，它主要由支付损失赔偿金及承保业务经营费用后的余额组成。另外，它还包括一定数量的预收保费准备金的增加额。一般认为，资产负债表中列示的预收保费准备金这项负债中通常包括40%的股东权益金额。当这个金额上升时，当年保险利润同步提高，反之亦然。因此，可以将承保利润分成两部分：第一部分是利润表中直接体现的利润，第二部分是预收保费准备金增减导致的权益变动。

我想谈谈计算保险行业清算价值或者权益的方法，但是我得过一会儿再讲。

问　　题： 在不提高保费率的条件下，增加承保利润的可能性是多大？战后的保险业务有所放缓，因为当财产重置价值上涨后，财产保险的保费也不得不提高。

格雷厄姆： 现在回答这个问题，我想严格区分一下近期业绩和长期平均业绩。火灾保险业务的近期业绩一直很糟糕，我认为大多数公司在 1946 年将会出现亏损，虽然数据还没有公布，并且我还认为，其中的一半或许会在 1945 年出现亏损。

我一直在处理的业绩数据已经是 10 年的平均数据了。我认为，这些数据很好地体现了过去 10 年保险行业所能预期的收益。虽然未来 10 年的业绩可能会比上一个 10 年的业绩稍好一些，但是我认为，保险分析师或投资者并不应该过于关注这一点。他应当希望未来 5 年的业绩好于过去两三年的业绩，当然这是另外一回事了。

问　　题： 那么，为什么像美国储备保险公司，甚至像北部河流保险公司这样的保险公司能够在保险行业立足呢？

格雷厄姆： 北部河流保险公司能够在保险业立足，当然是因为它已经存在了 126 年，并且已经建立了规模庞大的保险业务。这些业务是年复一年积累起来的，并让它的业务管理人、保险代理人、保单持有人都非常满意。至于它是否让公司股东满意这个问题，我认为，以前从未被问过，这样的问题在其他公司也从未被问过。

我曾经看过很多火灾保险公司向股东提交的报告，这些报告一般包括一页资产负债表，还有几页列出了公司持有的股票。对于这个行业盈利如何，还从来没有人讨论过。我把这个问题点出来可能有失风度吧。

问　　题：您这里列举的数据，是年报里的承保利润还是经过调整后的数据，比如对预收保费做的最优调整？

格雷厄姆：这些包括了对预收保费的调整，这是一种很标准的做法。事实上，在很多情况下，这些保险公司自己会在年会讨论中说明这个金额是多少。这是相当标准的流程。在意外险保险业务中，还有另外一项调整，以后我会提到，就是一种减值准备与另一种减值准备产生的差额调整。

问　　题：我认为股东对保险公司一点也不了解的原因之一是，直到现在，保险公司仍没有公布其利润表，它们像银行一样只提供资产负债表。

格雷厄姆：是的。如果我是一名保险公司的股东，我希望知道公司盈利是否足够多，我也必然会问这个问题。但是保险公司的股东显然没有问这个问题，更没有要求保险公司在年报中披露这些数据以及提供分析。有趣的是，意外险公司倾向于公布全面细致的年报，其中包括大量信息。原因之一也许是过去10年意外险业务非常赚钱。

问　　题：您是否认为股东的自满是因为一个事实，那就是像大陆保险公司或者家庭集团保险公司的早期投资者在过去20年里赚了很多钱？我认为这才是原因，它们是否被麻痹了则是另外一回事。

格雷厄姆：我没法告诉你们在过去20年里每家保险公司都发生了什么事。然而我确实知道，在过去20年里，火灾保险中有的公司经营一直很糟糕。我认为像北部河流这家公司非常具有代表性，这家公司起步表现不错，但是现在处于困境之中，这使得它无法真正服务于股东利益。我不相信，如果你选择其他公司分析，结果就会有很大改变。你或许可能发现一两个例外，如圣保罗火灾及海上保险公司。但是它们是极少数。

问　　题：互助保险公司的竞争算不算影响因素？

格雷厄姆：我不知道这算不算影响因素。也许是。但是保险公司努力获得更高保费率时，它们必须向各种保险委员会申请，获得批准总是会有时滞。

问　　题：互助保险公司的推销员一直宣传互保的费用低于股份公司模式的费用，这是保险公司最大的卖点之一，即以佣金的形式支付给代理人。这也是投保人的净成本。

格雷厄姆：如果事实如此，我不会感到惊讶。有理由相信根据火灾保险政策支付的佣金规模一直过高，该佣金被付给了保险代理人。我认为并不需要很多销售技巧去卖出一份火灾保险单。卖出一份寿险保单或许就需要那么一点销售技巧了。火灾保险佣金一直相当高，我认为，最近几个州的保险监管部门考虑到付给保险代理人的佣金过高，因此对是否提高保费有所迟疑。至少这是我了解的情况，但我不会把这当成一个事实。

问　　题：意外险销售人员总是加重投保人的成本。

格雷厄姆：在互助保险公司中也是如此吧？在意外险领域中，尽管面临互助保险公司的竞争，但股份制保险公司依然为股东赚得盆满钵满。关于这点还有其他问题吗？

问　　题：我问一个可能比较基础的问题吧，我对这些行业不是很熟悉。您在黑板上列举了1927年和1945年的统计数据，我明白为什么投资收益出现过下降。即使我的问题有点重复，您是否可以解释一下为什么承保利润会突然出现快速下降呢？这种情况是暂时性的，还是会持续呢？

格雷厄姆：北部河流保险公司的承保利润下降有两个原因：一是因为在那两年里，每美元承保收入的利润从6%下降到4%。很难说这是不是永久性趋势。我倾向于认为，保费利润率这些年有一个缓慢下降趋势。更重要的是，该公司的保费收入，即每美元股东权益的保费收入，已经下降到之前的一半。因此，在相同的利润率条件下，你的股票为你赚得的利润只有先前的一半。这就像说，现在你的每美元资本只有50美分的销售收入，而不是1美元的销售收入。

导致这个问题的原因很有趣，我想简单点评下。发生的情况就是，这些公司在那段时间以各种方式增加股东权益，以至于股东权益超过保费收入。结果就是，从股东角度来看这是好的业绩，但是他们在1945年完成的营业额对应的每美元资本金太多了。

当然，保险公司会坚持认为这不是事实。它会说，如果它有更多的资本，那么投保人的处境就会更好一些，因而股东的处境也会更好一些。它还会说，它期望在未来的业务经营中会做得更大，因此它应该获取足够的资本金，用于扩大业务量。但事实是，如果用货币来衡量，1945年北部河流保险公司用2500万美元的股东资本金只做了900万美元的业务，所以平均每美元资本金的营业额很小。1927年，该公司只有不到一半的资本金，却做了更多业务。这没有引起包括股东在内的任何人的注意。就管理层而言，他们拥有的资本金越多，对他们越有利。这点毫无疑问。

问　　题：他们难道没有把更多的钱投资在股票上吗？

格雷厄姆：虽然他们把更多的钱投资在股票上，但是这对股东没什么特别的好处，因为股东在把更多自己的钱用来投资。问题在于投资回报率怎么样，当然投资回报率也已经下降了。

你的问题有一个更好的答案。因为他们拥有了更多资本金，所以每美元资本金的投资金额就下降了。原因是，除了把股东的资本金用于投资外，他们还把其他资金，即从其他业务活动中获得的资金用于投资。与业务经营相关的资本金越多，他们拥有的额外占比就越小。这点可以用以下数据说明——1927年，他们每美元股东资本金的投资资产为 1.45 美元，而现在只有 1.18 美元。因此，在这个方面他们也是下降的。

现在，我或许会建议某个同学提出这样一个问题：为了从北部河流保险公司中获得恰当的投资回报，股东能够做些什么？让我们假定，这是股东应该决定的一件事，这或许是一条对任何人来说都不寻常的建议，尽管从理论上看这条建议很简单。下面是一个可能的答案，假定你重新建立 1927 年的资本金与保费之间的关系，当时一切都非常令人满意，只需要将与该公司业务经营有关的超额资本金返还给股东即可。如果你这样去做的话，那么你将会得到 6% 的资本金盈利率以及 4% 的资本金股利率，我建议这或许就是给股东合理回报的定义。

这是可能的，因为当你从当前每股 31 美元的盈利中拿出 15 美元用于支付股利，然后仅仅留下 16 美元为股东赚取利润时，那么你的利润只是少了"取走"那 15 美元的净投资收益部分，最多为 40 美分。因此，你从剩下 16 美元的投资中可以赚取 85 美分的盈利，并且得到你所要求的接近 6% 的合理的资本金盈利率，这是你要求的盈利率。虽然这种方法不可能向保险公司管理层自荐，但是它对股东而言在数学上具有一定程度的合理性。关于北部河流保险公司的分析，你们是否还有其他问题？

问　　题：我不太明白。承保金额和承保量下降的原因是什么？这是行业增长和竞争的问题吗？您是不是没有预期 20 多年里整体的保费规模会增加多少？

格雷厄姆： 情况是这样的，对于整个国家而言，消防公司的净保费从 1927 年的 9.66 亿美元增加到 1945 年的 12.26 亿美元，这意味着增加约 1/3。

北部河流保险公司 1945 年的保费收入为 910 万美元，1927 年的保费收入为 1090 万美元，1945 年与 1927 年相比下降了 16%。很明显在这段时间里，只有北部河流这家保险公司的保费收入出现回落。然而，其他很多保险公司，在这 20 年里的保费收入是增加的，主要通过收购其他公司来增加保费收入。另外，还有大量的保费收入被这些意外险保险公司新成立的火灾保险分公司取得。一家不进行公司制改革，一味坚持固有模式的典型公司所面临的处境不会跟北部河流保险公司相差太多，那就是保费下降。

非常重要的一点是，每 1000 美元保险的保费率在 1927～1945 年出现了大幅下降。这些保险公司向投保人支付的赔偿金大于收到的保费。结果就是保费收益遭受损失，同时没有反映出保险覆盖范围扩大的真实金额增长。

问　　题： 在 1927～1945 年的 18 年间，北部河流保险公司是否发售了额外的股份？

格雷厄姆： 是的。我想更正一下我之前所说内容中的一个错误。我说过，北部河流保险公司曾经保住了它的排名。这不正确。它曾收购了另一家公司，这家公司的资本金占合并后北部河流保险公司总资本金的 1/5。这意味着，该公司在那段时间里通过收购另一家保险公司，很可能将业务规模扩大了 25%，因此它本来应该可以展示出自己公司业务的"增长"。我不知道为什么这家公司并没有这么做。

问　　题：北部河流保险公司是不是某家集团公司的下属企业之一？

格雷厄姆：是的，它由克拉姆和福斯特集团经营管理。

问　　题：它们有可能将保费转移给了集团公司内的其他公司。

格雷厄姆：可能是这个原因。这引发了另一个有趣的问题，即保险公司管理层如何对待股东的利益？很多保险公司是所谓的"航母舰队"，或者集团公司的一部分。在那些"航母舰队"中，你会发现一些非常让人惊讶的事情。在这些集团公司里，有些公司可能会非常赚钱，但其他公司则可能不赚钱。当你要求得到解释时，正如我某次所做的一样，你很可能对得到的解释感到有点吃惊。

总让我惊讶的事情是，保险行业的人从来不会就股东利益的问题发表看法。他们总是对保险行业发生的事情发表看法。你可能会发现，许多经营上的原因，可以说明为什么 A 公司是盈利的，而 B 公司却是不盈利的，但是在这个情形下，没有理由能让 B 公司的股东感到满意。

当前证券分析的问题第 9 讲

现在，我们开始讲新阿姆斯特丹意外险公司这个案例。这个案例很有意思的原因与我之前讲的完全不同。在这个案例中，你根据清算价值得到一个很大的价格折扣，但你拥有的不是一家亏损的公司，而是一家几年来一直盈利良好的公司。股东没有遭受所谓资产损失的折磨（即一笔多年来持续亏损的生意），你得到的是另一种折磨，那就是管理层攫取并留存一切可能资产的欲望，以及冠冕堂皇尽可能不向股东支付股利的折磨。

我认为，这两个案例的对比极其明显，值得你们认真思考，因为这说明了股东利益受到多种不同公司政策的影响。公司实现盈利却不分配和公司没有实现盈利，这两种情况带给股东的伤害几乎一样。

现在，公司管理层一定会严肃否认这一点，他们坚持认为，只要能赚钱，并且所赚的钱保留在司库中，那么股东的利益就不可能受到伤害，股东只可能获益。我相信，你们这些绅士比其他人更有资格判断这个问题的孰是孰非。不同于根据股东权益价值以股利形式向股东分配收益的方式，公司外部股东是否真的会受益于公司留存经营利润？我认为，华尔街的经验证明，对待公司股东最好的方式是：根据公司的盈利及证券的真实价值，向他们支付公允合理的股利，而证券的真实价值根据盈利能力或资产的常规检验来衡量。

在我看来，新阿姆斯特丹意外险公司的案例是一个非常生动形象的例子，来说明证券持有人的利益是如何因为公司不支付足够的股利而受到伤害的。这家公司，正如我两周前谈到的，一直在支付 1 美元股利，这与其他两家公司的支付数额相等。这家公司的平均利润曾经非常高。在 1941～1945 年的 5 年里，税后平均每股收益是 4.33 美元，这与它们每年最多 1 美元的股利形成鲜明对比。

你应该记得，北部河流保险公司在那段时间里的平均利润为每股 1.12 美元，只有新阿姆斯特丹意外险公司的 1/4，却支付了相同的股利。美国公平保险公司在那 5 年里的平均利润为每股 9 美分，但每年也支付了每股 1 美元的股利。如果新阿姆斯特丹意外险公司一直支付与利润和资产匹配的股利，我认为毫无疑问该公司的股东本可以受益于两个方面：第一，他们本应该得到足够的投资回报，这对于普通股东而言意义非常重大；第二，他们股票的价格本应该更高。

正好，我们有另一家叫作美国信保的保险公司可以与新阿姆斯特丹意外险公司进行比较。这家公司的业务线以及每股收益和每股资产与新阿姆斯特丹意外险公司几乎完全一致。但是，美国信保保险公司支付的股利是每股 2 美元，而不是每股 1 美元，因而近期的股价在每股 45 美元左右，然而新阿姆斯特丹意外险公司的股价只有每股 26 ～ 28 美元。支付合理公允的股利与支付吝啬小气的股利给股东带来的结果差异，通过这些案例的对比就一目了然。

你可能会问，当股价和股东的股利回报都受到当前股利政策的伤害时，公司管理层会提出什么样的理由来不支付更多股利呢？你会发现，如果你跟公司管理层谈论一下这个话题，他们会为股利政策提出三点理由来辩护。如果你曾做过一段时间比如传教的工作，你会发现这些理由似曾相识。

他们告诉你的第一点理由是保守主义，即为了股东的利益尽量保守很有必要。当然，保守是一件好事。这点的真正问题在于，一家公司能否过度保守？比如，如果股东没有得到任何股利，而不是 1 美元，这或许是保守主义的极端情形，那么股东是否受益更多呢？我认为，经验表明这种保守主义可能严重损害股东利益。

他们会告诉你的第二点理由（你也会从其他处境相似的每一家公司都得这个理由）就是，他们的公司很特殊，需要承担特定的风险，因此，经营这种公司有必要比经营普通公司，或你可能提到的其他任何公司都要更加谨慎。在这种特殊的情形下，他们还可能会指出，1946 年的业绩并不能让人满意，当前的形势也不算好。因为每家公司都具有特殊性，在我看来这个理由多少有点自问自答。你将得到这样一个结论：假设每家公司相互间差异如此巨大，以致一般原则无法使用，那么股东就无法确定适合自己处理方式的原则。

关于 1946 年业绩不佳的说法，如果用常用的方式进行分析，你就会发现，即使像 1946 年这么糟糕的年份，新阿姆斯特丹意外险公司似乎盈利也到了每股 2.5 美元。因此，即使只考虑了一年的盈利情况（这不是合适的标准做法），该公司也可能支付比 1 美元更多的股利。股利政策应当基于历史平均利润和未来的预期平均利润。

我将要指出的是在过去两年，一些保险公司的保险业务一直存在困难，因为这点遵循保守主义是应该的。我们都知道有的保险业务非常不赚钱，而有的保险业务却是赚钱的。因为保险行业存在一些不赚钱或者一些可能摇摇欲坠的公司，就认为那些盈利公司的股东不能得到合理的股利，我认为这很牵强。

第三点理由特别有趣，我认为是因为这涉及股东程序和权力的本质，那就是股东不理解公司和公司管理层的问题。因此，对于股东来说，他们认为他们比管理层更了解什么是符合他们利益的正确政策，这是鲁莽的。

当然，这点理由的问题在于它证明过度，因为这意味着不管有什么问题，股东都不应当表达自己的看法，并且也不应该与管理层持有相反的看法。我相信你们大家都同意，如果假设管理层总是知道最应该做什么，并总是处处从股东的利益出发行事，那么股东拥有对管理层的控制权这一原则将被彻底削弱。

这次课我们一直在提新阿姆斯特丹意外险公司，因为这个案例很生动形象，我想再说两件事：第一，我的投资公司持有新阿姆斯特丹意外险公司的股票，并且我曾跟该公司的管理层就正确的股利政策有过一次争论。我想说，你们也许认为这次讲解存在偏见，你们完全有自由得到你们想要得到的结论。当然，你们应当警惕存在偏见的可能性。当然我认为，我客观地讲述了这个案例中的问题。

我要强调的第二点是，新阿姆斯特丹意外险公司的管理层品格极高，管理得井井有条。这里的问题不是因为部分管理层自私自利，或是因为能力不足，而仅仅指股利政策的问题及对股东利益产生的影响。

预测新阿姆斯特丹意外险公司以及其他很多案例中股东利益问题的解决方案并不容易。经过大量的思考、分析以及论证后，我明白了一点：通过这些案例，你需要一个长期的股东教育过程，之后他们才会为自己独立思考和积极行动。这能否实现我不知道，但是我非常希望华尔街的同行在以下方面发挥作用，那就是他们对于股东持有什么证券以及买卖什么证券，能够给予股东完善和客观的引导。

当前证券分析的问题第 10 讲

女士们，先生们，这是我们本次系列讲座的最后一讲，我希望你们听的时候会觉得这些讲座令人愉快并有所启发，就像我备课时的感受那样。

最后一讲似乎有点偏离主题，因为我讲的是投机，与证券分析有关的投机。

我认为，投机是一个与爱情一样受欢迎的主题，不过，针对这两个主题的许多评论，都相当乏味，也不是特别有用。（笑声）

在这一讲的背景下讨论投机，我会努力讲一下在金融和你们自己工作中投机这个重要因素一些不太引人注意的方面。

在这一个小时内，我想讲三大要点。第一点，投机性因素几乎在证券分析师的各项工作中都相当重要，在某些工作中甚至极为重要。在过去的30年里，投机的整体权重和重要性一直在增加。

第二点，聪明的投机和不聪明的投机存在本质差异，区分这两类投机的证券分析方法通常是有价值的。

第三点，尽管前面两点陈述的是事实，但是我相信当前证券分析师对于投机的看法不够完善也不够积极，根本原因在于我们倾向于把重点放在成功投机的收益上，而不是放在成功投机的能力上。

因此，很有必要对进行投机的证券分析师进行仔细的自我检查式评价，这意味着，对名为投资、实为投机的人，也要进行自我评价。

首先，我们所说的投机是什么意思？我们在《证券分析》一书中专门有一章讨论了投资与投机之间的区别。我不想重复那些内容，这里只是给你们回顾一下我们总结的定义：

投资活动是一种通过全面深入分析来确保本金安全和获得满意回报的活动。不能满足这些要求的活动就是投机。

这是关于投机非常简单的定义。我们可以扩展一下，在投机活动中，成功的投资结果无法通过证券分析来预测。这不是说投机活动不可能成功，而是说仅仅按照我们证券分析的方法，你不可能作为个例，成为一个成功的投机者。

投机活动全部都在关注价格变动。在有的情况下，关注点仅仅在于价格变动；在另一些情况下，关注点在于预期引起价格变动的价值变动。我认为，这是对于投机活动相当重要的分类，很容易就可以举几个例子。

如果某人在1946年年初以80美元左右的价格购买了美国钢铁公司的股票，主要因为他相信在牛市的后半阶段中，钢铁股可能会大涨，这明显是一种投机活动，因为这主要根据价格变动，而没有特别关注任何价值。

另外，某人在1945年的某个时候低价买入标准燃气及电气公司市价为4美元的优先股，比如说每股4美元，因为他认为标准燃气及电气公司的优先股注销计划可能有变，这毫无疑问也是投机。不过他的动机与价值分析或者是价值的预期变动有关，这种价值分析或者价值的预期变动确实在标准燃气及电气公司优先股发行中得以实现。

我认为，你们都很清楚，反过来看，几乎所有的证券活动，只要是根据预期的变化，不管是价格还是价值的变动，都必须被看成投机，以与投资相区别。

在投机与投资这章中，我们还讨论了价格中的投机成分这一概念。你们应记得我们说过某个证券的价格一部分反映投资价值，一部分则反映被称作投机的要素。

我们忐忑不安地举一个1939~1940年通用电气的例子。我们有意挑选我们能找到的最高等级的证券发行来说明其中存在的投机因素。它在1939年的平均价格为每股38美元，我们说证券分析师可能会判断，每股

25美元代表了投资成分,而每股13美元则代表了投机成分。因此,在一般市场条件下,发行的高等级证券平均价格中大约有1/3的投机成分。

这个例子说明了投机成分在投资证券中占了多大的比例。我认为,这个例子是自第一次世界大战以来证券价值发展的典型,验证和解释了我想说的第一点,那就是投机因素在证券分析师的工作中已经变得越来越重要。我认为,只有那些在华尔街待过很多年的人,才能了解发生在上一代的普通股投资地位的变化,才能明白投机性因素渗入所有普通股的程度有多深。

当我在1914年来到华尔街时,没有人认为投资证券具有投机性,它也不是投机性的。它的价格主要以确定的股利为依据。在平常的年份里,价格波动相对较小。甚至在证券市场及公司发生很大变动的年份里,投资证券的价格也没有出现大幅波动。如果投资者愿意,他完全可以忽视证券价格的变动,仅仅考虑自己的股利回报是否合理以及股利回报的可靠性,然后让证券价格自由变动,或许有时他还会认真检查自己的问题。

对于这个事实,我们可以通过黑板上写的联合燃气公司这个相当极端的案例来解释,这家公司就是现在的联合燃气爱迪生公司,我们用它在1919～1923年,即第一次世界大战后第一次繁荣与萧条时期的数据来解释。经济波动的确严重影响了这家公司。因为你们会注意到,这家公司的利润发生了剧烈的波动,按照每股面值100美元来算,每股收益在1920年下跌到1.4美元。然而,在那段时间里,这家公司坚持每股7美元的固定股利计划,它的价格波动相对整个市场的波动而言也是比较小的,保持在从106美元下跌到71美元的范围内。

如果我们回到1936～1938年这段时期,也就是现在教科书中所指的唯一一次只持续了一年的衰退期。我们发现,联合燃气爱迪生公司的盈利并没有变动,但是股价出现了大幅变动。仅仅1937年股价就从每股50美元跌到每股21美元,并在次年1938年跌到每股17美元。在那个时期里,该公司实际上提高了股利,盈利也非常稳定(见表P4-1)。

表 P4-1　联合燃气爱迪生公司（联合燃气公司）某些年份的数据（每股）

年份	每股收益（美元）	每股股利（美元）	股票价格变动范围
1919	4.10	7.00	80～106
1920	11.40	7.00	71～94
1921	6.80	7.00	73～95
1922	10.16	7.50	86～146
（新股）			
1936	2.33	1.75	27～48
1937	2.19	2.00	21～50
1938	2.09	2.00	17～34

自第一次世界大战以来，投资普通股的价格波动变得更大，这让普通股的购买者几乎无法忽略价格变动。对于任何人来说，购买一揽子普通股，并声称自己只对股利回报感兴趣，而一点也不关心价格变动，这显得极其不明智和伪善。

问题的实质并不是股票的价格变动是否应该被忽略（因为很明显，价格不应该被忽略），而是投资者和证券分析师以何种方式聪明地对待存在的股价变动。

我想要暂时回顾下我们在通用电气这个案例中所说的，它在1939年的价格有相当大部分反映了投机成分。这源于一个事实，投资者总是愿意为所谓的绩优和未来前景付出很高的代价，以至于他们通常会在普通股估值中加入很多投机因素。这些投机因素注定会引起投资者自己内心的波澜，因为绩优和前景本身就是心理因素。

股利当然不是一个心理因素，它或多或少是一个固定的数据。前面谈到的未来前景及绩优这类东西，会受到买卖股票投资者心理态度变化的影响。因此，我们发现，通用电气的股价波动范围很大，几乎与任意二级市场上相同价格类别的股票波动范围一样。

我们发现在1939～1946年，通用电气的股票从每股44.5美元的价格下跌至每股21.5美元，在1946年又回升至每股52美元，此后下跌到33美元左右。我认为这种宽幅震荡验证了我的说法：通用电气的股价中有相当大的一部分必须被认为是投机的，也许只是暂时性的。

我认为，你们也可能会说，随后的情况说明通用电气的真实投资估值是每股25美元，因为在1941年和1942年有很多机会以这样的价格水平购买这只股票。在1939～1946年这段时间里，通用电气股价走势不如其他股票那么好，这也是一个事实。我认为这反映了第二次世界大战前通用电气股票中包含的过度投机因素。

正如普通股中的投机成分一样，债券和优先股之中也可能有投机成分。但是高等级债券，从定义来看实际上就没有投机成分。事实上，如果你认为它有大量的投机成分，那么你就不会购买这只债券作为投资，你也不会把这种债券称为高等级债券。但是有一个重要因素你应该牢记：利率上升也许会导致良好债券的价格出现大幅下跌。

但是即使在那样的情形下，高等级债券也许可以在整个存续期用摊余成本法来估值，因此价格波动可以通过传统的价值处理方式忽略。正如你们大多数人所知，这正是我们最近正在讨论的处理保险公司的方式。年复一年，高等级债券使用摊余成本法来进行估值，而不考虑价格波动。

如果可以摆脱普通股中出现的那些令人讨厌的投机成分，然后聚焦于债券分析中那些反应更灵敏和更可控的因素上，这会让证券分析师舒服很多。我认为，自1929年以来华尔街已经在债券分析的技术方面有了很大提高。然而，当你已经能够真正控制某种东西，而这种东西却不如以前那么重要时，这或许是人生的一大讽刺。我认为，我们都必须承认债券分析在证券分析师工作以及投资者投资行为中的作用越来越小。原因相当明显，如今美国政府债券在债券投资中的比例越来越大，而美国政府债券本身不需要正式的债券分析。

虽然考虑到公司债券占比很小，你可以认真地完成债券分析的所有步骤，但是即便如此也可能让人有点受挫。因为我确定，一名真正胜任的债券分析师肯定会在所有情形下得出一个结论，那就是对于典型的债券购买者，购买政府债券要好于购买"护城河"良好的公司证券。

在目前的市场中，大型机构购买这些公司的证券是理所当然的事情。这些大型机构出于半政治性的目的，想在它们的组合投资中持有公司债券和政府债券。这就导致债券分析这个广阔领域，对于债券投资者而言曾经如此重要和富有回报，现在从实际收益而言，债券分析的地位应该大幅降低。

我关于第一点想说的是：无论承认与否，我们证券分析师发现，投机因素与我们正在关注的各种证券的关联性越来越强。

第二个要点是有关证券分析师在区分聪明的投机及不聪明的投机时的角色。我想通过几个例子来简要地说明这点。我已经挑选出4只低价格证券，我认为，这4只证券说明证券分析师在处理以投机为主的证券时，可能会得到不同的结果。第一组是阿勒格尼公司的普通股，其月末股价为5美元，以及格雷厄姆-佩奇公司的普通股，其月末股价为5美元；第二组是通用持股公司股价为4美元的优先股存根[1]，以及电气债券与股票公司价格为6美元的优先股存根，不过昨天的价格为3美元左右。

当我们第一次看这些证券时，它们看上去极其相似，当然它们是四类投机证券。但是一名证券分析师稍做深入研究就会发现这两组公司不同的一面。

在通用持股公司这个案例中，我们有如下结论：其股票是一家投资公司的普通股，这家投资公司总资产为2150万美元，高等级债务为1200万美元，大约950万美元为普通股股东权益。这些普通股市场价格总额为640万美元。这意味着对于通用持股公司的普通股投资者而言，由于现在普通股相较于其现值被市场明显地打了折扣，所以得到了一个参与高杠杆投资的机会。因为如果你对公司总资产的价值支付640万美元，之后总资产价

---

[1] 此处的存根股票指的是在公司经过破产或重组后，根据剩余的权益价值而创造的证券。——译者注

值每上涨 10%，普通股的账面价值上涨 30%㊀。

而且，你实际上还不会受到来自任何严重公司问题引发危险的伤害，因为高等级证券中绝大部分（实际是 5/6）主要是不需要支付股利并且没有到期日的优先股。

因此，在通用持股公司这个案例中，你拥有一个明显具有吸引力的投机组合：一是一张拥有巨大机会的廉价门票；二是支付的费用低于而不是高于入场券的价值；三是假定这些年可能出现双向大幅波动，那么这些波动带给你的盈利要大于损失。

我对通用持股公司就分析这么多。

相对而言，如果以每股 5 美元的价格买入阿勒格尼公司的股票，虽然这只股票第一眼看起来与上面的情况类似，即持有投资公司组合的权益，但是你会发现数学上的计算结果完全不同。1945 年年末，阿勒格尼公司拥有 8500 万美元的总资产，然而却有以债券和优先股形式存在的 1.25 亿美元债务，还包括未付股利。因此，普通股价值约为负的 4000 万美元。你需要以每股 5 美元的价格投入 2200 万美元来获得参与分享公司 8500 万美元资产未来增值的权利，这还得在满足优先债务请求权之后。

证券分析师会说，虽然这种情况具有巨大的杠杆效应，但是你付出太高的代价，很难获得实际的可实现利润，所以这就是不聪明的投机。

事实上，让公司的资产价值与阿勒格尼公司普通股的股价持平，将需要投资组合的价值上涨 70%。而在通用持股公司这个案例中，如果这只股票的投资组合价值上涨 70%，那么你拥有的普通股资产价值为每股 15 美元，而其市场价格仅为每股 4 美元左右。

因而，从分析角度来看，虽然阿勒格尼公司与通用持股公司两只股票的整体情况看似一致，但是两者存在着巨大的差异：一个是不聪明的投机，

㊀ 资产价值上涨 10%，即 215 万美元，但债务账面价值不变，所以普通股价值上涨 215 万美元，占现在市场估值 640 万美元的约 34%。——译者注

而另一个则是聪明的投机。

现在开始分析每股 5 美元的格雷厄姆－佩奇公司，我们会发现另一种情况。公众支付 2400 万美元买入普通股，这部分股东权益只有约 800 万美元的资产价值，其中大部分是凯撒－弗雷泽公司的股票。你可以在公开市场上购买这部分资产，而不必支付 3 倍的代价。价格的剩余部分代表了农用设备业务 300 万美元资产的权益，这家公司也许是盈利的，就像其他任何盈利公司一样。唯一的缺点是，这里没有盈利业务的历史记录，而你现在只是为了一些可能性而支付了数百万美元，所以这会被证券分析师认为是不聪明的投机。

现在我们开始讨论电气债券与股票公司的优先股存根，我简单描述一下。它们表示如果你们昨天以 73 美元的价格买入电气债券与股票公司的优先股，然后得到公司派发的每股 70 美元。剩下的是一个可能得到 10 美元的权利，那么你们这个权利将由证券交易委员会和法院来裁决。如果优先股被强制赎回，这 10 美元就是电气债券与股票公司优先股的票面溢价。在这种情况下，究竟以赎回价格、票面价值还是两者之间的某个价格为准，是需要确定的问题。

我认为，这很明显属于投机的情况：你付出 3 美元的代价可能得到每股 10 美元，可能一无所获，也可能得到两者之间的某个金额。但是，这不是绕开证券分析师分析技术的投机活动。他有办法查清案例中的价值点并形成观点，这主要是根据自身的技能、经验以及他在其他公共事业公司清算中找到的相似性。

如果我们假设，电气债券与股票公司的优先股存根有 50% 的机会获得 10 美元溢价，那么他可以得出结论：每股 3 美元的价格是一种聪明的投机。因为数学证明，通过几次这样的操作，总的来看，你的盈利大于亏损。因此，这些案例告诉我们聪明的投机和投资，存在着一种被我称为数学或统计学公式上的关系。实际上这两者是紧密联系的。

聪明的投机假定：通过计算基于经验的胜率，并且仔细权衡相关事实，数学概率起码不会不利于投机。

例如，这适用于在通过评估方法确定的价值范围内，以任何价格买入普通股。如果你们回头看下我们对于美国散热器公司的评估，你可能还记得在第5讲中我们进行了大量的计算，得到的结论是美国散热器公司的价值显然为每股15～18美元。如果假定这个估值做得很好，我们可以得到这些结论。美国散热器公司的投资价值约为15美元；在15～18美元，你开始进行所谓"聪明的投机"，因为你对这个案例中投机因素的评价说明这么做是合理的。如果你以超出18美元的上限买入，那么你将进入"不聪明的投机"范围。

如果数学测算出来的概率确实有利于投机，那么我们可以通过简单的风险分散工具将这些独立的、聪明的投机转变成投资。我认为，这是一个华尔街对待投机最成功并且回报最高的思路。总之，这种观点只是通过巧妙和熟练的计算过程来让胜率站在你这边。

回到电气债券与股票公司这个案例，如果我们足够巧妙地评估可能性，并且得到50%的成功率，那么我们可以将电气债券与股票公司优先股存根看成投资活动的一部分。这种操作由10次具有风险分散特征的风险投资组成。因为在10次这种投资活动中，如果运气一般，那么你投资30美元将得到50美元。换句话说，有5次可以赚10美元，另外5次则一无所获，你的总回报是50美元。

华尔街在基于有利胜率来解决聪明投机的算术问题上做得很少。事实上，这个术语对你们大多数人来说都很陌生，但是不应该这样。如果让我们有点罪恶感地把华尔街和赛马做一些对比，那么我们中部分人可能会认为华尔街聪明的操盘手会尽量使用赌马场老板（也就是庄家）的技巧，而不是根据赌马人的技巧行事。另外，如果我们假设绝大多数华尔街行为必然存在许多机会，那么正确的想法就是尽可能准确地判断这些机会，并且朝着胜率有利于你的方向去参与这个游戏。

因此，我很严肃地向大家推荐，投机的数学胜率在各种各样华尔街行为中，将为同学们提供一个全面而且也许是能赚钱的研究领域。

让我们看下阿勒格尼公司的普通股和格雷厄姆－佩奇公司的普通股。从分析师角度来看，我们认为这是两个不聪明的投机。我们做出这种论断是否有危险？去年格雷厄姆－佩奇公司的股价高达每股 16 美元，而阿勒格尼公司则高达每股 8.25 美元，而现在只有每股 5 美元。那么至少可以认为今天买入这些股票是值得考虑的，要么是因为杨先生或弗雷泽先生将创造至今尚未存在的真实价值，要么是因为不管其价值如何，这两只股票都具备良好的投机性。

这两种可能性都存在，证券分析师也不能承受忽视的责任，但是他也许可以坚持己见，将买入这两只股票视为不聪明的投机，因为他的经验告诉他，通常这种投机活动的结果不会太好。原因之一是，以每股 5 美元买入这种股票的那些人，更可能在每股 10 美元的价格再次买入这只股票，而不是以每股 10 美元的价格将其卖掉，因此他们最终都会出现亏损，尽管在此期间，他们有机会把股票卖给相对不聪明的买家。所以，最终衡量聪明的投机和不聪明的投机的标准依赖于多样化实践的结果。

谈到第三个要点时，我将解释一下，华尔街对待投机风险的常见观点与我们一直在讨论的观点存在多大的差别。但我认为应当暂停一下，因为我刚好讲完第二点，我想看看你们关于这点是否还有什么问题。

问　　题：比如在电气债券与股票公司优先股存根案例中，通过分散，您就无法集中于类似优先股赎回这种方式的 10 种情景。您会想要通过电气债券与股票公司、通用持股公司还有其他公司来分散风险，两者是完全不同的情景吗？

格雷厄姆：是的，这种方式不是基于投资活动的特征，而是仅仅基于数学胜率，一种能够令你满意的胜率。只要你逻辑上充分证明胜率对你有利，那么不管你购买的是债券、股票还是其他类型的证券，都不重要。它们具有同样的吸引力，并且它们在你分散风险的过程中具有同等地位。你可以进一步得到一个完善的结论，如果你深入研究电气债券与股票公司的 10 种情景，你会发现这些情景的本质一样。你无法真正地分散风险，买入 10 股电气债券与股票公司与买入 1 股没有区别，因为同样的因素适用于这所有的情景。这点要把握好。你必须确定，不同情景中影响成功或者失败的因素要有所不同，这样是真正的分散风险。

问　　题：电气债券与股票公司的案例中提到 50% 的概率，为什么不是 60% 呢？我不明白为什么您能在数学上如此精确？

格雷厄姆：你这么说当然很对，我很高兴你提出这个问题。不过这不像欧几里得证明那样，但是你可以得出一个结论，这个概率显著大于 70%，比如说（这是你买入股票的胜率）无须准确知道是 50% 还是 60%。一般而言，只要你认为这种概率至少对你有利，你就可以顺其自然。但是这对目标而言已经足够，没必要苛求实际操作更加准确。

　　现在，请记住我并不是想在这里暗示这个数字就是我关于电气债券与股票公司胜率的结论。你们任何人都完全有能力研究这种情景，根据其他公用事业公司的赎回得出结论。我只是出于解释的目的讲一下优先股存根这个案例。我应该指出，5 美元优先股存根和 6 美元优先股存根的价格相同，在这点上市场似乎并不是很聪明。

我要讲的最后一个话题是当前证券分析师对投机的态度。我认为华尔街分析师在他们对投机的态度上表现出老练和天真的充分混合。他们认识到（也确实如此）投机是他们生态的重要组成部分。我们都知道，如果我们追随投机群体，我们将长期亏损。然而，不知何故，我们发现自己经常这样做。证券分析师和投资者群频繁地做着同样的事情，这非常奇怪。事实上，我必须承认我想不起他们不是这样的时候了。（笑声）

这使我想起了一个你们大家都知道的故事，它讲述了一位石油投机商曾去过天堂，并请求圣彼得让他进去，圣彼得说："很抱歉，石油投机商的位置都已经被填满了，这点你可以透过大门看到。"这位石油投机商说："那简直太糟糕了，但您是否介意我跟他们说一句话？"圣彼得说："当然可以。"于是，这位石油投机商大喊起来："地狱里发现了石油！"于是所有的石油投机商开始成群结队地离开天堂，并且直接奔向地狱，然后圣彼得说："这真是一个很好的套路，现在空间宽敞，请进来吧！"这位石油投机商摸摸自己的脑袋说："我认为我会跟剩下的人一起离开。谣言里毕竟有一定的真实性。"（笑声）

我认为，这就是我们在股市波动中经常采用的行为方式。根据经验，我们知道最终结果将会很糟糕，但是，因为"谣言里毕竟有一定的真实性"，所以我们经常跟着别人一起跑。

由于这样或那样的原因，所有华尔街证券分析师应该对市场的未来有自己的看法。我们很多最优秀的分析师一直都在努力预测价格变动。关于证券分析师的行为是否合理，我不想挑起一场争端，但是我想观察下这个主题。

预测市场的困难之处，不在于它是由不聪明和没有能力的人做出的，恰恰相反，困难之处在于很多真正意义上的专家人士在预测市场，结果他们的努力总是相互抵消，最后效果几乎为零。

市场几乎每时每刻反映一切，专家能够可靠地谈论市场的未来。因此，他们所说的每件事都是不可靠的，并且这很可能只有在一半的时间里正确。如果分析市场的那些人能够正确地自我评价，我相信他们会认识到他们正在追逐"鬼火"。

最近我在读巴尔扎克的自传，我记得其中有一篇被他叫作《探索绝对》（*The Search for the Absolute*）的小说，你们有人可能读过。小说中讲到，一位非常有智慧的博士，花费毕生精力去寻找如果找到就会很美好的东西，但这是他永远也找不到的东西。当然，一直猜对市场方向的回报是巨大的，这也正是我们都会受到诱惑的原因。但是我认为，你们必须同意我的观点，没有充分理由相信谁能一直正确地预测股票市场。我认为，如果证券分析师浪费时间追求这个，那就犯了一个巨大的逻辑和现实错误。

当然，市场预测与市场"择时"的本质相同。关于这点，我想说"择时"的唯一持续有效原则就是通过分析，在普通股便宜时买入，在普通股变贵或者至少不再便宜时卖出。

这听上去像择时，但是当你思考后，你会发现这根本不是择时，而是通过估值的方法买卖股票。实际上，它不需要关于未来市场的看法，因为如果你买入的证券足够便宜，哪怕市场会继续下跌，你的持仓也是安全的。如果你以相对高价卖出证券，你这么做同样聪明，哪怕市场会继续上涨。

因此，在这门课快结束的时候，我希望你们允许我向你们这些证券分析师提出一个强烈的请求：请你们从股票市场分析中解脱出来。不要将证券分析与市场分析混为一谈，虽然这在我们许多人看来似乎是合理的，因为这种混为一谈的最终结果必然是冲突和迷茫。

另外，我非常欢迎证券分析师付诸努力去聪明地处理投机活动。在我看来，这里的先决条件是定量方法基于每种情况下的概率计算，以及极有利于投资活动成功的胜率。这种计算不需要在每种情况下都完全可靠，当然也不需要像数学那么精确，而只需要足够程度的知识和技能。平均律（law of averages）将解决投机定义中内含的少数误差和很多个别令人失望的情况。

如果你们在投机中亏钱就认为投机不明智，那么这将是一个很大的错误。这听起来像是一个显而易见的结论，但实际并非如此。只有在研究不充分和判断力糟糕的情况下，投机才是不明智的。我想提醒你们中的桥牌爱好者，桥牌专家强调的是，正确地打牌，而不是成功地打牌。因为长期来看，如果你们正确地打牌，那么你们将会赢钱；如果错误地打牌，那么你们将会输钱。

我想，你们中大多数都曾听说过这样一个动人的小故事，讲的是一个男人，他是夫妻组合中实力较弱的桥牌选手。他似乎赢了一个大满贯，在牌局结束时，他非常得意地对他妻子说："我看见你一直在朝着我做鬼脸，但是你发现了吗？我不仅赢了一个大满贯，而且我成功了。你对此有何意见？"他的妻子非常冷淡地回答："如果你之前正确地玩牌，你可能就赢不到大满贯了。"（笑声）

华尔街经常存在这种情况，特别是在投机领域，当你通过仔细计算来尝试投机时，某些情况下的结果很差，但那只是游戏的一部分。如果完全没有失误，那就根本不是投机，完善的投机并非必然存在盈利的机会。我认为这是真理。

我了解一些证券分析师面临的实际问题：他们总是根据逻辑行事，并想把自己仅仅限定在金融工作领域中。在金融工作中，他可以自信地认为自己的工作和结论都是相当可靠的。有证券分析师向我抱怨，说他们没法这样做，因为他们的客户和老板希望他们做些其他事情，比如向他们提供即时的投机判断及市场观点。我相信总有一天，证券分析师将完全从市场分析中解脱。

如果有一个两年的试验期，市场分析师跟踪自己曾完成的工作，证券分析师同样跟踪自己曾完成的工作，那么这样会很好。我认为，这就很容易提前知道谁的成绩更好,这才能算清楚账。我认为,雇主和客户最终都会得出结论,让证券分析师成为证券分析师而不是其他才是更好的选择(因为证券分析师知道怎么成为证券分析师),而不能让其成为市场分析师,因为证券分析师现在不知道而且永远不知道该怎么做。

最后我想谈下针对华尔街经营方式曾发生过的事情,这是长时间观察的经验总结。

如果你们能像我一样把思绪拨回1914年,华尔街那时与现在的一些巨大差异会让你们感到震惊。很多方面进步巨大:华尔街的道德规范有了很大提高,信息来源更加广泛,信息本身也更为可靠,证券分析的艺术已经有了很多提升。所有这些方面,我们远远超越过去。

但是我们在一个重要方面几乎没有任何长进,那就是人性。尽管各种设备和分析技术都有了进步,但是人们仍然想更快地赚钱。他们仍然想站在市场的赢面。最重要也是最危险的是,我们都想从华尔街赚到超过我们工作应得的报酬。

我认为,华尔街的思维方式在一个方面已经出现了非常明显的退步,那就是我在本课开始提过的投资与投机的区别。我相信回到1914年,一般人会更清楚,把自己的钱用于投资意味着什么,而把自己的钱用于投机又意味着什么。他对于投资活动的回报没有什么贪婪的想法,同时,几乎所有参与投机的人们都大致知道他们承担着什么样的风险。

| 第五部分 |

THE REDISCOVERED BENJAMIN GRAHAM

大宗商品储备计划

第二次世界大战之后的世界是以"勇敢"和"崭新"而著称的。"勇敢"是确定无疑的,但是否称得上"崭新"就未必见得了。与过去完全失去联系是值得怀疑的。

——《证券分析》(第4版),1962年

20世纪前期的标签是繁荣与衰败,继之而起的是物价上涨与生产停滞、30年代的全球性大萧条,最后是第二次世界大战。无论是政坛领袖、商界人士还是普通市民,都为战争停止后的经济混乱而担心。然而大家也都明白,战争固然造成了经济体系的崩溃,但也提供了改进旧有方式的机会。

格雷厄姆对此思考颇深,1937年麦格劳-希尔公司出版的《储备与稳定》一书中记载了他的思想,该书于1998年再版。当该书初次问世时,经济稳定委员会(格雷厄姆是该组织成员之一)广泛提倡其思想并推举给国家乃至国际领导人。格雷厄姆的思想被高度重视,以至于英国著名的经济学家凯恩斯爵士与其通讯联系。由格雷厄姆和他的一位朋友弗兰克·格雷厄姆教授发表的一篇关于"缓冲存货"即大宗商品储备的论文，最初导致凯恩斯的误会，后来凯恩斯自行更正了。

"在关于使用缓冲存货作为稳定短期大宗商品价格的手段问题上，"凯恩斯在给格雷厄姆的信中写道，"你和我的立场相同，都是热切的战士，所以，千万别让不该有的误会和分歧在我们中间产生。"

1944年，在新罕布什尔州的怀特山召开了具有历史意义的布雷顿森林会议，会上提出了关于国际货币、国际收支调节、控制通货膨胀以及其他经济要素的新政策。格雷厄姆的友人热情地向时任总统富兰克林·罗斯福和国会推荐他的观点，希望其观点能够在布雷顿森林会议上被提出，但他们的希望落空了。参加会议的44国（苏联也被邀请了，但没有参加会议）采纳了"可调整的固定汇率制"以及由国际货币基金组织管理的、调整后的金本位货币制度。但是，格雷厄姆大宗商品计划的支持者仍不放弃，每隔一段时间就会将格雷厄姆的思想重新提起，并再度讨论。一些格雷厄姆思想的支持者认为，如果他的大宗商品储备计划被采纳的话，世界经济会远比现在稳定得多，并且倾向于更为和平的合作。

| 第 9 章 |

关于建立一个国际大宗商品储备货币的提议[一]

由经济稳定委员会向在新罕布什尔州布雷顿森林召开的国际货币金融会议提交

1944 年 6 月 21 日

一、提议的背景

国际货币会议将考虑稳定不同货币间交换价值的方法。如果把一种国际货币与基础大宗商品联系起来,就像与黄金联系起来那样,但不限于与黄金联系起来,将大大有助于达到这一目标。这样的安排将会使得生产原材料的国家与那些生产黄金的国家处于同等的地位。它将使许多国家通过扩大初级原料的生产来支付其对于产成品的进口,这样一来,公平的价格得以保证。这将大大减少为维持汇率稳定而扩展信贷的需求。

我们的提议有一些其他方面的贡献,甚至比对稳定汇率的贡献更为重要。提议的实施同样将稳定世界主要的价格结构,并且由此带来全球生产和消费不受限制的、平衡的扩展。在建立基础大宗商品的缓冲存货之后,甚至会消除供给和需求双方的不平等,与此同时,建立非商业的储备供给还将应对紧急用途和提升生活水平。通过承担货币储备的功能,这些缓冲存货可在需要时随时进行任何程度的融资和变现,从而创造了新增的

[一] 根据格雷厄姆的个人文档整理。

购买力。

将缓冲存货机制与货币储备机制结合起来，意在为我们所面临的双重挑战提供一个单一理性的解决方案：一方面是交替的盈余或短缺，另一方面是购买力不足。关于基础商品的货币性用途的问题主要集中在技术方面，我们相信复合或商品单位的计量方式是将货币性功能与商品储备相结合的可行方法。它避免了许多会使单一商品计划最终失败的陷阱。稳定或货币化单一的大宗商品存在固有的严重技术缺陷，如果允许个别大宗商品的价格在一定的框架内波动，而一揽子大宗商品的复合或平均价值相对稳定，那么单一大宗商品稳定和货币化遇到的技术缺陷会得以克服。

这份大宗商品储备的提议将对计划建立的国际货币基金组织的成功运作做出贡献，并弥补之前引起的疑虑和被批评的不足之处。商品储备能够稳定世界基础商品的价格水平，恰如黄金价格那样，本计划能够避免僵化的黄金本位制度，因为有些国家担心那将会使通货紧缩和萧条从世界的一个部分传染到另一个部分。而且，由于这种方案将大大增加初级产品生产国以货易货的能力，它能够使国际货币基金组织的信贷操作被限制在一定的范围之内，这样，那些处于净出口状态的国家就会很愿意接受这一方案。

二、提议的摘要

本提议的设计目的是在国际货币基金组织的框架内运作，这一点在1944 年 4 月 21 日的专家声明中被明确阐述了。声明中的条款无须因本提议而改变。可以通过加入额外的条款来建立国际大宗商品单位货币，大体上包括下列内容。

（1）国际货币基金组织将定义一个合适的大宗商品单位，给出其基本价格或平价，以黄金或美元标价。国际货币基金组织可以随时从其成员方以某一价格投标而购买大宗商品单位，比如说平价的 95%。国际货币基金组织还可以将其拥有的大宗商品单位以平价105%的价格出售给其成员方。

（2）对于国际货币基金组织和成员方之间以大宗商品单位进行的交易，一般来说，其清算方式与以黄金进行交易的清算方式相同。成员方通过向国际货币基金组织出售黄金或大宗商品单位，在其国际货币基金组织的账户上增加除了按份额缴款之外的余额。

（3）对大宗商品单位的实物保管做出适当的安排，考虑安全等因素，应由大宗商品的生产国家或需要大宗商品单位的国家作为国际货币基金组织的代理来保管大宗商品单位。储藏成本可通过下列方式解决：①在有限的一段时间内由大宗商品的生产国家承担；②由需要大宗商品单位的国家承担；③用买入价和卖出价之间的价差而产生的利润支付；④在个别大宗商品出现短缺的时候，用出售现货并以较低的价格购入期货合约而获得的利润来支付；⑤根据估计的数额由成员方按比例分担。

（4）大宗商品单位的具体构成可以根据适当的统计方法进行调整。基于10年世界生产和出口的移动平均数进行年度调整，能够并不困难地保持大宗商品单位在统计上的合理性。

三、提议的正常运行和影响

根据此提议，全球大宗商品单位的价值应该是被固定并保持的，就像黄金和某些国家的货币那样，而在买入价和卖出价之间的价差是存在的。个别大宗商品的价格可以不被固定，在公开市场上自由波动以反映相关供给和需求情况下的正常变化。但是，由于整体的价格水平保持稳定，或仅仅在非常小的范围内波动，个别大宗商品的价格变化无足轻重。

大宗商品单位的积累可以在通过大宗商品经纪人之间的自然竞争而获取少量利润的情况下完成，也可以由国际货币基金组织委派的代理人来完成。无论在哪种情况下,当世界价格水平略微低于买入点时,大宗商品会自动流向国际货币基金组织;当世界价格水平略微高于卖出点时,大宗商品会自动从国际货币基金组织流出。

成员方没有必要为了从国际货币基金组织提供的市场需求中获益而生产所有的大宗商品。大宗商品单位的积累是通过每种大宗商品在其主要出口市场上进行贸易的正常程序来完成的。每个原材料生产国通过提供大宗商品单位的某个组成部分而获益,其结果与提供价值相等的大宗商品单位并无不同之处。

四、国际大宗商品储备货币的优势

(1)汇率稳定。大宗商品储备货币可以增加世界的有形货币,可以增加许多原材料生产国所掌握的支付手段,使它们能够更加容易地为其进口经加工的商品和服务支付现金。正如上面所提到的,这种做法将大大减少财政状况差且贸易逆差的国家向财政状况好且贸易顺差的国家取得直接或间接信贷的需求。这样,提议中的国际货币基金组织能够使用适量的国际信贷来实现目标。

(2)稳定物价。通过直接稳定基础原材料的价格水平,提议的机制能够避免使整个世界经济失调的主要因素。这样一来,产成品和服务的价格水平也得以维持相当程度的稳定。

(3)创造缓冲存货。此提议将向世界各国提供无须支付利息的缓冲存货,不会威胁到它们的商业市场。大会上所通过的关于缓冲存货技术要求的决议将得以贯彻。由本提议创造的非商业大宗商品储备能够带来的三个主要好处是:防御性储备、稳定的价格水平和鼓励扩大产量。

尽管缓冲存货所带来的好处得到世界公认,但商人还是对其怀着巨大的恐惧,因为缓冲存货将给正常商业市场的定价机制带来威胁。通过一些政策可以隔绝缓冲存货与商业市场，使缓冲存货固有的优势得以充分发挥。

允许用期货合约来代替大宗商品单位里大宗商品现货的条款，使得某一大宗商品在出现临时性的短缺时，如果现货以溢价出售，则可以有效地运用大宗商品储备。

（4）扩展世界经济的关键抓手。在充分生产的情况下，找不到更多的刺激措施能够同时确保价格稳定和满足无尽的需求。在此之前，货币体系能够对黄金提供这种需求，其结果是金矿的采掘业不受萧条和失业的影响。大宗商品储备提议能够为基础大宗商品提供类似的需求，这样一来，整个世界就可以充满信心、平衡地扩大初级产品的生产，相应地，全球经济的各种要素都能因此获益。

如果没有对大宗商品储备生产的正面刺激，战后世界就有被卡特尔原则统治的严重危险，产成品和原材料的产量与出口都会因为受到各种各样的限制而下降到以前的商业需求水平。

| 第 10 章 |

多种大宗商品储备计划总结[一]

经济稳定委员会，1941 年 3 月

为了通过研究和教育有组织地促进经济稳定，并且作为达到目标的第一步骤，提倡多种大宗商品储备，作为金银偿付基金的附属和补充，因此我们主张：①建立基本的基础大宗商品储备，在市场短缺的时期可资利用；②达成对银行管理问题和货币与信贷规模控制问题的区分；③建立自动的、非人为的、有效的机制以防止通货膨胀与通货紧缩，以及通货膨胀与通货紧缩所导致的种种恶果；④为经济提供稳定的价值单位和强有力的美元，以及有牢固支持的、数量受到限制的、相当稳定的购买力。

总体计划

提供基本的、可储存的、用途广泛的原材料大宗商品的货币基础，货币的发行在此基础上进行，这样，货币发行就是有保证的并且可以兑换为商品。以前适用于象征性商品——黄金的货币性特征，现在对于一组特定的大宗商品也几乎是完全适用的。

[一] 根据格雷厄姆的个人文档整理。

细节问题

大宗商品单位应由法律来确定。这些大宗商品单位包含超过 25 种基础的、可储藏的原材料大宗商品。每种大宗商品在篮子中所占的比重由它们在商业中的相对重要性决定。每一个大宗商品单位的含量要恰到好处，使得它们能够很方便地服务于储存和赎回的目的。价值相当于 1 美元的大宗商品单位的构成应在计划开始执行时由国会予以固定，以遵照宪法授权国会确定货币价值的规定（参阅第一条第八款的第五项）。这一构成可以由一段时间内（比如 1921～1940 年）组成该大宗商品单位的一组大宗商品的市场平均价格决定。这样的统计计算并不算困难。

财政部根据仓库储存大宗商品单位的收据发行法定货币，收据可由一种或几种大宗商品或者完整的大宗商品单位构成，就像现在在商品交易所里交易的某些品种那样。或者反之，财政部以这样的仓储收据来兑换数额相等的货币，正如从前任何人都可以进行黄金与货币之间的兑换那样。所以，在本计划之下，任何人都可以随时进行大宗商品单位或货币的存储或者提取。

这样，美元实际上成为"大宗商品单位凭证"，具备所有的黄金凭证或者以黄金为抵押物的货币的优异特征，即有充足的储备支持、可赎回性、限量发行，以及其他现行货币所缺乏的重要品质。

还应做出一些适当的规定，包括：①根据构成大宗商品单位的各种不同大宗商品在商业上的相对重要性的变化，定期但并非经常性地改变商品单位的构成；②关于支付储藏费用的方法；③在指定的情况下，以期货合同代替实际仓储收据的问题；④如果可能，在大宗商品单位中包含一定的金和银，或者可以由凭证的持有者按照其意愿交换大宗商品单位或者金银。诸如此类的细节问题，虽然并非涉及基本原则，但是，毫无疑问，当国会对本计划加以考虑时，都应该是官方研究的问题。

运行问题

现在让我们来看看计划的运行问题，在实践中本计划将如何发挥作用，结果又会如何。

无论是出于什么原因，如果构成大宗商品单位的各种大宗商品的总体市场价格下降至低于其总的铸造价值（即储备价值），那么任何人都会在交易所内购买这些大宗商品，然后向财政部提供包含适量的每种大宗商品的仓库收据，换回等值的货币。整体而言，对于这些储备大宗商品的购买行为将支撑大宗商品的市场价格，而且，由于因此增加了货币供应量，也将支撑一般的价格水平。

从另一个角度来说，如果出于某种原因，构成大宗商品单位的各种大宗商品的总体市场价格上升至高于其总的赎回价值，那么任何人都会以固定的货币价格从财政部提取大宗商品单位，并在市场上出售这些商品。由此赎回的货币将退出流通，并且被销毁。这种行为的结果会使这些大宗商品的价格下降，而且，由于货币供应量减少，也将防止一般价格水平的上升。

大宗商品单位构成成分的总体市场价格波动处于一个相对狭窄的限制范围，这取决于铸币税（如果有的话）的多少、佣金及其他提取和出售大宗商品单位的成本费用情况或者储备大宗商品中各种大宗商品的组合情况，总计大约不超过1或2个百分点。促使人们以大宗商品交换货币或者以货币交换大宗商品的原因，与以前人们将黄金储存到储备银行或财政部、从储备银行或财政部提取黄金的原因是类似的。

结果

计划的支持者相信执行计划的结果会是：

（1）将构成大宗商品单位的大宗商品的平均价格稳定在一定的范围之内。

（2）为我们的经济提供稳健的（即有充足的储备支持的）、具有稳定购买力的美元，进而避免通货膨胀和通货紧缩导致长久严重的政治与社会后果。

（3）促进诸如债务人与债权人之间、雇主与雇员之间，以及涉及时间和金钱的所有合同参与者之间的公平关系。

（4）有助于稳定商业和经济的一般状况，这一点将在下面详细阐述。

（5）为公共支出以及其他类似在萧条时期提供就业机会的措施提供更好的替代方案。

（6）在解决"富裕中的贫穷"这一矛盾方面前进了一大步，因为本计划可防止由于价格结构的变化和萧条加重而导致的原材料普遍过剩的现象。本计划将消除使萧条恶化的两个因素：对初级产品生产者（尤其是农民）购买力的破坏，以及由于各种抵押品价值下降而导致银行信贷规模的下降，这也就是所谓的恶性循环。

（7）创造初级大宗商品储备，在干旱、瘟疫、战争肆虐的危急时刻，这将具有至关重要的意义。下面一段所指出的原因将促进我们经济的重新调整以适应目前战争时期结束、进入和平时期的需要。

（8）大宗商品储备计划的实施将促进生活水平的提高，因为本计划在消费最大化和就业最大化的情况下促进生产，并且将触发技术进步所需的调整。迄今为止，劳动力失业和商业紊乱是由基础大宗商品价格水平的不稳定造成的，而大宗商品储备计划能够避免这些现象的发生。既然在固定价格（铸币平价）上，大宗商品单位中所包含的大宗商品的市场是无限的，那么经济组成里的一大块得以保持稳定，甚至在突如其来的萧条来临之际，还会受到刺激，就像金矿采掘业在类似情况下受到刺激一样。

（9）通过提取出原材料储备以减轻通货膨胀的压力，而这些原材料相对应的等值货币将被赎回并退出流通。

（10）实行大宗商品储备计划以保护银行系统和价格结构整体不受极端的银行信贷规模膨胀或收缩带来的损害。在近几十年里，银行系统和价格结构是使价格水平回旋运动并导致银行体系陷入困境的主要诱因。

（11）由于我们所拥有的对外债权以及出口贸易而使外国对我们支付的有形货物，没有冲击我们的市场价格水平，而是增加了我们可利用的大宗商品储存量，这样达到了促进国际贸易和国际金融的目标。竞争性的货币贬值不会发生，因为外国货币对应美元的价格能够自动地根据大宗商品单位的组成成分的外币价格进行调整。

评论

大宗商品储备计划并不涉及个别大宗商品价格的确定，个别大宗商品的价格完全由不断变化的供给和需求的自由波动情况决定。大宗商品单位的总体价格水平将被直接确定下来并限制在相对狭窄的波动范围之内。个别大宗商品价格之间的相对关系与以往一样，是自由变化的，不受人为干预。所有大宗商品的价格水平将在很大程度上被间接地稳定下来，因为竞争行为将使得大宗商品的价格之间不至于出现过大的差别。

本计划的实施是自动的、非人为的、非政治性的，并且是自行控制的，不涉及指数化的问题，也不会导致任何形式的生产减少或者管辖权减少，不会有银行或市场秩序的变化，更不会导致无端地把管理货币、价格、生产或消费的权利赋予任何人。

许多经济学家认为本计划的实施能够解除银行家和银行监管当局对美元购买力所负担的责任，使他们得以专注地处理信贷质量的问题（而不是规模的问题）以及其他纯粹的银行业务。

尽管本计划也并非包治百病的万灵药，但提倡大宗商品储备计划的人士相信它将有助于解决目前由于美元的波动而导致的各种严重问题。

那些并未仔细、客观地研究本计划的人也许认为本计划的提倡者夸大了它的有益结果。然而，本委员会欢迎各界人士提出关于本计划执行效果的具体批评意见。

本委员会也欢迎任何对本计划的目标感兴趣的人士提供道德、智力和资金上的帮助。

相关引述

大卫·李嘉图（David Ricardo，1816年）：以贵金属作为货币用途，应该能够毫无疑问地被看作人类文明史上商业和艺术进步的几个最重要的里程碑之一，然而同样正确的是，随着知识和科学的进步，我们将来也许会发现把货币性的贵金属再度弃之不用，会是又一个重大进步，而在文明程度略逊一筹的时代里，贵金属作为货币的用途曾发挥到极致。

赫伯特·胡佛（Herbert Hoover，1925年）：我们都希望经济系统能够具有更强的稳定性，这样大家的工作和生意都能够有保证。

欧文·扬（Owen D. Young，1929年）：……当突如其来的变化影响到货币的购买力时，各种道德问题和责任问题都会被涉及。

斯坦普勋爵（Lord Stamp，1928年）：……价格水平问题是当今极其重要的问题……这是所有问题中最具有实际意义的一个……当前必须首先考虑的是社会问题。

莱昂内尔·E. 伊迪（Lionel E. Edie，1931年）：中央银行应当致力于管理银行体系的储备，以保证银行基于储备的信贷余额增速与生产活动的长期增速相当。

富兰克林·D. 罗斯福（Franklin D. Roosevelt，1933年3月4日）：……应当提供一种充足且可靠的货币。

富兰克林·D. 罗斯福（Franklin D. Roosevelt，1933年7月3日）：坦率地说，美利坚合众国所要寻求的美元，是在下一代人使用它的时候，依然与我们在不久的将来所坚守的美元拥有同样的购买力和偿债能力。

乔治五世国王（King George Ⅴ，1933 年）：人类有能力运用世界上的大量资源来确保物质文明的进步。

亨利·福特（Henry Ford，1936 年）：我们所需要的是金融工程师。

西蒙·斯特伦斯基（Simeon Strunsky，1936 年）：我们知道，萧条是民主的敌人。

保罗·艾因齐格（Paul Einzig，1936 年）：在一定程度上，非易腐性的大宗商品得以被包含在货币储备里，这有利于解决世界的货币问题，以及现存的存货过剩问题。

阿尔文·约翰逊（Alvin Johnson，1937 年）：我们在所期望的标准货币应具备的性质方面达成了共识。我们期望标准货币在价值上尽可能地达到稳定，并且其稳定性是由非人为的力量予以保证的。格雷厄姆先生的发明（即多种大宗商品储备计划）的设计目的在于满足上述两项要求。这项发明是如此简单，以致考察这一计划的每个人都认为自己曾经也想到过这个主意。

亨利·A. 华莱士（Henry A. Wallace，1937 年）：无论是从国家利益、消费者利益还是农业利益的角度而言，提高粮食供应和价格的稳定性都是非常必要的。

联邦储备委员会理事会（1939 年）：本理事会完全同意应当防止经济过热和萧条，并且一贯认为联邦储备委员会有责任尽其所能以达到防止经济过热或萧条的目标。

本杰明·H. 贝克哈特（Benjamin H. Beckhart）（1940 年）：货币学家一致认为，货币政策的目标应当包括以最小的实际成本达到减小周期性带来的振幅，并持续扩大生产产量的目标。

W. 伦道夫·伯吉斯（W. Randolph Burgess，1940 年）：……对货币的信心是我们自由企业制度的根基。

马尔科姆·A. 穆尔（Malcolm A. Muir，1940 年）：对于信贷和货币的管理不善……是导致私人企业制度濒临毁灭危险的主要因素。

| 第六部分 |

THE REDISCOVERED BENJAMIN GRAHAM

格雷厄姆访谈录

  我生命中所享受到的快乐至少有一半源于精神世界，源于文学和艺术的美好。这些是可以免费享受的，只是我们需要有最初的兴趣和一些努力来欣赏这些潜在的财富。如果可以，不如把最初的兴趣变成持久的努力，一旦发现了生命里的文化所在，请紧紧把握它。

——摘自格雷厄姆于 80 岁寿辰上的演讲
于加利福尼亚州拉霍亚（La Jolla）

  研究过格雷厄姆的理论与实践后，不少读者可能会为无法直接向其请教而备感遗憾，本部分的采访或多或少可以做些弥补。所有的采访都是在格雷厄姆的晚年进行的，可以很好地概括他的投资生涯与思想。

| 第 11 章 |

格雷厄姆：价值投资之父仍存担忧[一]

约翰·奎特（John Quirt）

在20世纪60年代的一次访谈中，当一位新生代操盘手鼓吹激进投资之时，有观众提到了格雷厄姆。虽然这位操盘手对格雷厄姆也不太了解，但依然笃定地评论道"老先生的问题在于他不了解今天的市场"。如今几年过去了，这位操盘手及其团队已经被后人"拍在沙滩上"，而"老先生"格雷厄姆依然声名远扬，继续倡导投资价值与安全边际的理念，以及机构投资的重要事项，这些经典的理念仿佛一夜之间又获得了大家的关注。

已经79岁高龄的格雷厄姆仍旧精力充沛，最近在加利福尼亚州海岸边的公寓里忙着修改其畅销书《证券分析》。作为一位传统的学者和译者，他在英文著作中引用了从奥维德（Ovid）到新出版的西班牙小说的内容。格雷厄姆仍是公认的投资行业掌门人，事实上在他之前，证券分析都不能算是一个行业。20世纪40年代中期，格雷厄姆在一次演讲中提出证券分析应当成为一个专业的行业，因而诞生了特许金融分析师（CFA）。同时，他还将理论付诸实践，获得了大量的财富。他将实践经验总结为一本为非专业人士所写的、不断再版的畅销书——《聪明的投资者》。圈内著名的批判家也不得不承认："总的来说，当前关于投资管理方面的好书，得有一半出自格雷厄姆。"

[一] 摘自《机构投资者》1974年4月刊，已获准重印。

复盘当下

"叫我本就好。"格雷厄姆放下正在校订的书稿招待来访者。在他这样的高龄，大多数人会沉溺于往事与功绩，而格雷厄姆仍在不断地修正他的理论。接着他又谦逊有礼地询问："来点下午茶如何？"虽然行动已经略有迟缓，但他仍身着职业的西装衬衫，打着红色领结，而一旦谈及投资行业，他的态度仍然十分坚定有力。

"过去 10 年，华尔街的表现是史上最差的，"格雷厄姆说道，"可能不该这么说，但我已经 80 岁了，有资格阐述自己的想法。回顾过去会让人对理性备感绝望，非理性投资已经要让华尔街崩溃了，一些闻所未闻的事情开始发生，例如经纪业务竟然会因为业务多到忙不过来而破产——可见快速赚钱的欲望已经超过了正常的对业务的考虑。"

1972 年年底到 1973 年年初，指数不断创新高，在此期间格雷厄姆反复强调："这次与 1970 年那次崩盘是一样的，我无法理解人们为什么会这么不长记性，以至于重蹈覆辙。"

这里所说的"人们"自然指的是大型养老基金等机构投资者，正是他们由谨慎转为激进而导致了 1972～1973 年的股灾。格雷厄姆对这些基金管理者的智慧提出质疑，毕竟他们会在债券收益率仅有 8 个点的时候妄图获取 12 个点的回报。从双层市场被颠覆以来，格雷厄姆对一些市场参与者错误的做法仍存忧虑（尽管情况有所好转），包括：以较高估值倍数买入依赖预计的未来（而非现在）利润的公司，从短期视角并使用相对估值方法，以周转率为业绩基础选股，以及通过 β 或者价格波动评估风险。

苏格拉底式的对话

大家对格雷厄姆的观点有多种总结，比如"赚钱的第一要义是不亏钱"和"务必谨防股价反转"等，这些观点在去年由帝杰证券（Donaldson, Lufkin and Jenrette）组织的基金经理会议上被再度强调。本次会议旨在讨论证券行业当下面临的重要问题，与会者之一、对本书贡献颇多的查尔斯·埃利斯（Charles D. Ellis）将格雷厄姆的贡献与苏格拉底在雅典对年轻人的演讲相提并论。

这个类比很是恰当。首先，格雷厄姆同样精通希腊语，他还曾指出过亚当·斯密的著作《金钱游戏》（*The Money Game*）中的一处希腊语引用错误；更重要的是，正如埃利斯指出，与会的大多第四代投资经理（基金经理）认为格雷厄姆和多德于1934年首次出版的《证券分析》像柯里尔与艾夫斯（Currier and Ives）公司⊖一样过时，这些投资经理甚至不能理解格雷厄姆的观点，于是这种冲突不仅让他们烦恼，也让格雷厄姆不安。

"会上听到的内容让我非常吃惊，"格雷厄姆说道，"我不能理解为什么有投资经理放弃稳健投资而企图在短期内获得最高回报。尽管他们是在尽力满足老板或客户的希望，即管理大额基金获得超额回报，但因此而做出的业绩承诺几乎是不可能实现的，可以说他们成了投资的奴隶而非主人。"

格雷厄姆对此做出了解释："他们由此而不得不在管理基金时采取投机的方式，我无法想象这样最终会给他们带来什么，除了后悔，可能只有诉讼或是名声扫地。"

会上格雷厄姆曾问一个基金经理，如果他确信市场将下跌，会对其有何影响？答案是："什么影响也没有，因为于我而言只有相对业绩有意义，无论市场跌或不跌，只要我跑赢指数就行。"

格雷厄姆对此的反馈是："我对此深感忧虑，你难道不觉得吗？"

另一个与会者表示他无法区分投资者和投机者的区别，格雷厄姆对此

⊖ 柯里尔与艾夫斯公司是一家位于纽约、成立于1835年的美国版画印刷公司，该公司印刷美国生活图片和政治卡通海报，用简洁的手法精确描绘时下发生的重大事件。由于胶版印刷与制版技术的进步，市场对版画印刷产品的需求逐渐减少，该公司于1907年清算。——译者注

只是低语"那是这个时代的悲哀"。

再者，格雷厄姆问大家："你们在管理基金时，有没有（资金的）标准周转率一说？（可以理解为调仓频率）"

与会者回答："有，大概为25%～30%。"

"你们有没有统计过，如果周转率低一些会如何？"

多数与会者表示没有，仅有的统计过的人表示："在多数情况下，周转率越高（调仓越频繁），业绩越差。"

"那保持这么高周转率的原因是什么？"格雷厄姆继续追问。

"毕竟我们是受托管理资金，"与会者坦诚道，"老板和客户都希望我们积极管理。"

泡沫破裂

在会议结束之际，话题转移到成长股和回报率上。格雷厄姆高声问与会者："你们凭什么如此认真地讨论7.3%的年化收益率，尤其是在股价首年涨40%、次年就可以跌20%的情况下？"以及"股市投资收益率凭什么能超过上市公司的利润增长率？"

对这个略带尴尬的基本问题，基金经理并没有给出令人满意的答案。格雷厄姆用一个简单的例子阐述了他对成长股的看法："如果一只股票每年盈利增长15%，只要市盈率保持当前水平，投资者就可以得到15%的年化回报率，再加上分红，收益是相当有吸引力的。于是其他投资者也想要买入这只股票，从而推动股价上涨超过15%，这样吸引力就会变得更大，从而再次吸引更多的投资者买入。此时，股价开始脱离基本价值，泡沫开始产生并增大，直到最终不可避免地破裂。简单来说，低价股在上涨时会吸引投资者不断买入，之后股价不断上涨，但不会是无穷的。"

过了些日子，格雷厄姆被问到当时的与会者是不是学到了些什么，他的回答很沮丧："没学到什么有价值的。"但他的忠告毕竟在 4 年内两度被验证，这一点是否让他有所释怀呢？"这个问题其实不太公平，"他回答道，"人性如此，当初人人都觉得格雷厄姆已经过时，后来自己发现并非如此的时候，会自然地有些气愤。"

那为什么投资经理经历了 1970 年后的两次泡沫破裂之后，依然没有回归格雷厄姆和多德的基本理论呢？

格雷厄姆笑着扶了扶眼镜，表示这是他思考过多次的问题："我认为这就是股票磁吸力的作用，这帮人当初在商学院都读过格雷厄姆和多德的理论，甚至还留下了深刻的印象，但随后又会弃之脑后，真是让我欢喜也让我忧。"

"当他们步入华尔街时，以前学过的理念看起来只具有理论意义，我估计他们的业绩评价标准是股票行情而不是工作的合理程度，于是自然而然地会把理论抛弃而去追寻所谓更实际的观点。"

何谓稳健

读过《证券分析》的人都知道，格雷厄姆稳健投资的理念强调净资产价值和低估值倍数，并且使用利率对价值进行判断（折现）。不支持的人经常批判该方法已经过时，但事实上这种方法也在不断地被适时修改。12 年前出版的第 4 版相比于前一版，在估值部分增加了 50% 的内容，并且基于经济发展和政府避免萧条的目标，调整了对于自由经济的观点。"除了类似 20 世纪 60 年代末利率上升这样不可预测的事情，格雷厄姆的理念在实践中被证明是有用的。"

假如当前的银行利率不是 4.5% 而是 7.5% 或 8%，可以用利率的 4/3 作为判断标准（多出的 1/3 是因为格雷厄姆认为股票投资要比债券投资麻烦，所以至少要有 1/3 的超额收益），"于是我们又回到了第二次世界大战前的估值倍数水平"，而 1973 年的股票市场就是对过高倍数水平的"回归调整"。

那今天这些参数又该是多少？格雷厄姆提醒道："假设道琼斯10年平均盈利水平是60，用4/3乘以7.5%（得到折现基准），那么得到的道琼斯指数合理水平应该为600点；如果使用过去1年（而不是10年）的平均盈利进行计算，那么道琼斯指数应该是750点——无论得到哪个结果，当前的指数水平都不是令人乐观的。"

令格雷厄姆高兴的是，近年来价值被低估的情况大量出现，用他自己的话来说是"便宜货遍地都是"。同时他认为，这些便宜货并没有集中在某些特定行业中，并不应该根据某一行业过去的表现、对管理层的主观评价以及其他非量化的标准来选择投资机会。"越老则经验越丰富，于是对数字以外的判断越没有信心。"

新的结合

为了从低估标的中进行稳健选择，格雷厄姆一直在尝试定量的方式，这并不是要放松稳健的标准，事实上格雷厄姆在准备第5版时发现自己"回归了从前的投资理念"，尤其是"从稳健出发，就应当坚持以净资产价值为出发点"。"并不是不考虑其他因素，但无论怎样都应当保持谨慎。"

"于我而言这是非常重要的投资原则，这意味着投资当下典型的好公司往往不够稳健，因为其价格中往往包含不少投机的因素。"

格雷厄姆不一定会把新发现的定量方法放到第5版的书中，因为该方法更适用于个股而不是指数，即选取以下三个指标中最低的数字作为投资依据：

- 对应前一年盈利水平的低市盈率（比如10倍）；
- 前一周期最高股价的一半（表明股价已经下跌足够多）；
- 净资产价值。

按照这一标准买入之后，可以选择在收益达到 50% 或者持有 3 年（足够长的投资周期）时卖出。

格雷厄姆一直在检验这种方法，截至目前还是"相当令人满意的"。如果检验自 1968 年以来的情况（事实上可以追溯到 1961 年），那么这种方法能够帮助投资者发现不少好的投资机会。我曾经使用这种方法选出 100 只股票作为样本进行测试，结果表明购买其中的 50 只能够获得丰厚的收益。不过格雷厄姆也承认："回测的结果很棒也让人有些不解，需要花更多的时间继续研究，但至少表明这种方法是合理的。"

眼光长远、注重资产的投资者可以很容易地接受格雷厄姆的方法，但那些有短期业绩压力的投资者就不太感兴趣了：首先，这是个机械的公式，没有引入对于行业或公司的基本面研究；其次，这种方法挑选出来的股票大多数是不受欢迎的——资产庞大而缺乏成长性；最后，使用这种方法需要极大的耐心，对于业绩按季度评估的投资者自然没有什么吸引力。

最后需要留意的是，如果某只股票的价格相较历史最高点下跌了 50%，当按照 β 系数分析的时候，它很自然地被列入高风险等级，尽管此时它的市盈率很低且资产充盈。格雷厄姆由此认为 β 系数分析很"荒谬"，毕竟"投资经理的工作就是利用股价波动来赚钱"。

承诺为重

格雷厄姆所提倡的稳健价值投资需要有适当的环境，包括客户与投资经理的思维方式。按照格雷厄姆的观点，投资经理提高业绩的方式需要根本性的变革，首当其冲的就是停止过高的承诺，哪怕是隐含的承诺，承诺应当限制在"确实可以实现"的范围内。

格雷厄姆认为："规避当前混乱的唯一方法就是让机构联合起来，投资经理一起像烘干机脱水时一样把承诺限制在确实可以实现的范围内。"当然这会产生一个问题："如果投资经理都承诺一个平均的水平，那么如何获取超额的佣金呢？其实我也想不出办法，但这个问题不得不面对。"格雷厄姆承认道。

倡导这种变革估计会遭到不少业内人士的嘲讽，不过对格雷厄姆来说倒也不算什么，他在60年前与纽伯格·亨德森（Newburger Henderson）还有罗伊比（Loeb）进入投资界时就是这么我行我素。格雷厄姆与纽曼一起管理基金到1956年，同时代的人曾说他是一个"十分强硬的人，不管华尔街如何评论，他坚持进行自认为稳健的投资"。几乎所有与格雷厄姆共同工作过的人，都会对他十分赞赏。

年轻人批评格雷厄姆太过于注重理论，但忽视了他的基金管理实践的业绩，他自己管理的基金在其理论指导下稳健发展长达30年。不过被遗忘也是可以理解的，毕竟格雷厄姆离开政府雇员保险公司（GEICO）和投资经理的岗位已经快20年了。

格雷厄姆自己对退休后的平静生活很满意，在拉霍亚过冬、去法国南部度夏，他也不再投资于股票（"为什么我要变得更富有"）。除了修订《证券分析》，他近年做的唯一跟股票有点关系的事情就是修订《聪明的投资者》。"这本书记录了在1970年之前我的所有投资思想，我为其畅销感到非常开心。"

和这个采访一样，格雷厄姆去年在兰乔·拉·科斯塔（Rancho La Costa）会议上对第四代基金管理人的发难是很少见的。有人批评他如今已经远离业界，不了解现实，因而不应该对年轻人这么苛刻。格雷厄姆对这些批评还是很敏感的："明年5月我就80岁了，但记忆力还不错，虽然我在努力避免老人的两大问题，一是老年的主观性悲观情绪，二是历经股市多年起伏而产生的客观性悲观情绪，但我确实不是个乐观的人。"

| 第12章 |

寻找价值被低估股票的简易方法[一]

很难有比格雷厄姆更了解股市与股票价值的人,他可谓是"证券分析学院"的院长,不仅因为所著的《证券分析》已成为证券分析行业的"圣经",更因为其业绩成为传奇。

35岁便成为百万富翁的格雷厄姆,退休后居住在加利福尼亚州。近年来,他致力于将其应用了50年的选股方法总结为简单易行的准则。如今已82岁的他与投资顾问詹姆斯·雷亚(James D. Rea)合作,将建立一个以该准则为基础的基金。格雷厄姆相信这些准则可以帮助投资者获取15%以上的回报率。

在拉霍亚的海边公寓里,格雷厄姆向《医疗经济学》的西海岸编辑巴特·谢里丹阐述了其投资方法的基本框架,高级助理编辑拉顿·麦卡特尼记录了谈话的要点。

巴　　特:您是如何得出简化版的"格雷厄姆方法"的?
格雷厄姆:过去几年,我一直在试着通过一些简单的标准选出价值被低估的股票。研究表明,通过这种方法找出的投资组合在长期内能

[一] 摘自《医疗经济学》特别报道,1976年9月20日刊,已获准重印。

够获得两倍于道琼斯指数的业绩。研究涉及的投资期限长达50年，不过在较短的投资期间里依然被证明是有效的。我很感兴趣，因而想把它付诸实施。

巴　　　特：您是否运用该方法选择成长股？

格雷厄姆：不，所谓的成长股投资者或者一般的证券分析师，并不知道应该对成长股支付多少价钱，也不知道应该买多少股以获得期望的收益，更不知道股价会怎样变化。但这些又都是基本的问题，也是为什么我觉得无法应用成长股理论获得合理且可靠的收益。

巴　　　特：传统的使用公司的预期盈利或市场份额来衡量股价的方法如何？

格雷厄姆：那些在理论上重要，但对购买成本与出售时机的意义很小。能够确定的只是股价会有时偏高有时偏低。我曾做过调查研究，只有对一个广泛分散的投资组合来说，才能够预先知道合乎逻辑的买入点与卖出点，而不必费劲去分析影响公司或行业未来的基本因素。

巴　　　特：不考虑基本面的方法会被如今的分析师看成是歪理邪说吧？

格雷厄姆：或许是吧，但我的研究表明上述方法是有效的。需要基于的原则是：第一，买入的价格要低于价值；第二，需要大量分散持股；第三，有一个确定的卖出原则。

巴　　　特：类似于我（医生）这样的普通投资者，能做到这些吗？

格雷厄姆：肯定能。

巴　　　特：那我们应该从何做起呢？

格雷厄姆：列出过去一年市盈率不超过7倍的股票，查查《华尔街日报》或者其他主流报刊上的股票行情列表就可以。

巴　　　特：为什么是7倍，而非5倍或9倍？

格雷厄姆：这个数字取决于债券收益率。如果债券收益率较高，股票没那么受欢迎，因而市盈率就会较低；如果债券收益率下降，股票会更吸引人，因而人们愿意支付更高的价格，市盈率就会增加。一个经验是，我只选取盈利收益率（即市盈率的倒数）至少是目前最好的公司债券（AAA 级）平均收益率两倍的股票。

巴　　特：您能否举个例子？

格雷厄姆：把债券的收益率乘以 2，再用 100 去除。目前 AAA 级债券的平均收益大概是 7%，乘以 2 等于 14%，再用 100 除以 14 得到约 7 倍。

巴　　特：如果 AAA 级债券的收益率下降到 6% 呢？

格雷厄姆：市盈率会增加。6% 乘以 2 等于 12%，用 100 除以 12 得到 8.3，因而最高的市盈率为 8.3 倍。不过我认为，不管债券收益率有多低，都不要买入市盈率超过 10 倍的股票。

巴　　特：所以只有市盈率在 7 倍以下一个条件吗？

格雷厄姆：市盈率提供了一个比较好的基础，但如果在此基础上选取财务优良的公司会更好。

巴　　特：对于这一点如何判断？

格雷厄姆：有很多方法，我最喜欢的方法非常简单——公司所拥有的应该是在外亏欠的两倍，也就是说，所有者权益对总资产的比例应该在 50% 以上（资产负债率在 50% 以下）。

巴　　特：什么是"所有者权益"？

格雷厄姆：就是公司净值（净资产），将负债从总资产中扣除得到。

巴　　特：是不是需要一个会计来帮我计算？

格雷厄姆：不用，公司年报或者证券经纪人都可以提供这些数字。

巴　　特：您能否举个例子？

格雷厄姆：比如一家公司的所有者权益为 3000 万美元，总资产为 5000 万美元，那么所有者权益与总资产的比率达到了 60%——超过了 50%，因而其财务状况是过关的。

巴　　特：现在有财务优良且市盈率低于 7 倍的股票吗？

格雷厄姆：有，但不像 1973 年和 1974 年股市下跌时那么多了。

巴　　特：选好了股票，如何建立投资组合呢？

格雷厄姆：买得越多越容易赚到钱，包含 30 只股票的投资组合可能是比较理想的数目，钱少买不够一手的话，可以买零碎股（odd lots）。

巴　　特：应该持有多久呢？

格雷厄姆：首先应该有一个预期的利润作为目标，回报率超过 50% 就已经不错了。

巴　　特：也就是说，组合内每一只股票的回报率都应该至少为 50%？

格雷厄姆：是的，涨够 50% 立刻卖掉。

巴　　特：如果达不到 50% 的目标回报水平呢？

格雷厄姆：必须先确定投资期限，我认为两到三年是最合适的，我推荐这种思路——第二年年底之前还没有达到目标价格的话，就全部抛掉止损。例如，你在 1976 年 9 月买的股票，必须要在 1978 年年底之前卖掉。

巴　　特：卖股票得到的钱应该再去买符合条件的其他股票吗？

格雷厄姆：一般是的，但应该根据市场环境确定。如果出现像 1974 年那样的大跌，那么在发现很多好公司市盈率很低的时候，就应该充分利用这个机会，将 75% 以上的资金投资于股票。但如果市场价格过高，很难发现符合条件的股票，这时候购买股票的比例应该降到 25% 以下，可以用其他的钱去购买国债。

巴　　特：这个策略的预期收益如何？

格雷厄姆：当然不可能每只股票都获得 50% 以上的收益率，持有满两年被迫清仓也会降低收益率甚至亏损。不过长期来看，加上分红收益，一般能得到 15% 以上的年化收益率，分红收益应该会超过交易佣金。

巴　　特：这是您 50 多年研究的结论吗？

格雷厄姆：是的，这种方法对 5 年左右的相对较短的期限也适用，但对于更短的期限就不一定了。例如在 1973～1974 年股市大跌时，投资者账面上虽然有浮亏，但如果坚持这一策略，1975～1976 年就能够赚回来，从整个 5 年来看，年化收益率仍然在 15%。当出现这种情况时，投资者应该有所准备。

巴　　特：当前道琼斯指数大概是 1000 点，许多股票达到了 5 年内的最高价格，是否有可能出现 20 世纪 60 年代末到 70 年代初的大跌？

格雷厄姆：我不觉得有任何人具备预测市场的特殊能力，但我相信当价格水平很高的时候，市场下跌的概率很大。我回测的时候发现，定价过高的时候，价格具有吸引力的股票会变得很少，这就是在警告市场价格整体可能偏高了。

巴　　特：您能否对方法的要点做个总结？

格雷厄姆：投资者采用这种方法时要有耐心，这样才会得到概率上不错的回报。

低价股一览

下列股票满足格雷厄姆在本文中所推荐的选股方法：市盈率在 7 倍以下、资产负债率在 50% 以下。所有列出的股票都是在纽约证券交易所上市的股票（见表 12-1）。

表 12-1 低价股一览表

公司名称	股东权益（百万美元）	总资产（百万美元）	权益资产比（%）	市盈率（1976年8月16日）	最新收盘价（1976年8月16日）
Amalgamated Sugar	92	120	77	3	36.88
Ampco-Pittsburgh	50	65	77	7	10.00
Amstar	230	441	52	6	44.25
Blue Bell	164	302	54	5	39.88
Federal Co.	81	124	65	4	25.63
Federal Paper Board	153	291	53	5	37.75
Gordon Jewelry	82	147	55	5	10.75
Graniteville Co.	80	117	69	4	13.75
Harsco Corp.	206	358	58	6	22.88
Houdaille Industries	126	190	66	6	16.13
Houghton Mifflin	54	87	62	6	12
Hughes & Hatcher	26	47	54	6	7
Jantzen	40	65	62	5	18.25
Jorgensen (Earle M.)	78	122	64	5	37.00
Lane Bryant	76	137	55	6	11.75
Leslie Fay	31	62	50	6	8.00
McCord Corp.	48	68	71	6	16.00
Michigan Seamless Tube	42	65	65	6	20.25
Murray Ohio	47	78	60	7	20.25
Norris Industries	119	196	61	6	37.75
Omark Industries	78	129	60	6	11.75
Reeves Brothers	73	108	68	6	30.00
Riegel Textile	82	148	56	5	16.75
Russ Togs	48	64	75	6	10.63
Sparton Corp.	23	35	66	6	8.25
Uarco	57	87	66	6	21.00
Wallace-Murray	105	209	50	7	18.38
Western Publishing	103	163	63	6	16.38
Weyenberg Shoe Mfg.	23	40	57	7	23.00
Zale Corp.	292	181	61	7	17.00

| 第 13 章 |

与格雷厄姆的 1 小时对话

哈特曼·巴特勒，特许金融分析师（Hartman L. Butler, Jr., CFA）

巴 特 勒：非常感谢您能够接受我的拜访。鲍勃·米尔恩（Bob Milne）夫妇建议我到拉霍亚拜访您，而且要带上录音机。让我们从政府雇员保险公司（GEICO）开始吧。

格雷厄姆：好的，当年我们在办公室谈判后，便用 72 万美元买下了公司一半的股份，随后公司市值上涨到惊人的 10 亿美元。不过证券交易委员会强制我们将部分股票卖给了其他股东，因为法律不允许投资公司持有保险公司 10% 以上的股份。即使退休多年后，纽曼和我仍在 GEICO 的经营中下了不少工夫。当然我还是庆幸现在与 GEICO 没什么关系了，最近它损失惨重。

巴 特 勒：您认为 GEICO 能够继续经营下去吗？

格雷厄姆：我认为没问题。我自然会问自己，这家公司为什么不顾损失，一味地追求扩张？就像现在很多其他公司可以一年亏损 5000 万美元到 1 亿美元，令人吃惊。这些放在过去我是不敢想的，能亏这么多钱也是天才。

⊖ 摘自《金融分析师》1976 年 11/12 月刊，已获准重印。

巴 特 勒：您投资生涯的关键节点有哪些？您是在 1914 年就进入华尔街了吧？

格雷厄姆：早期的事情总是让人印象深刻，我刚开始工作时待遇不错，12 美元的周薪高过其他年轻人（10 美元）；一个月后第一次世界大战爆发，交易所被迫关闭，我的周薪也降到了 10 美元；再接着就更重要了，上涨 15 年之久的股市在 1929 年崩盘。

巴 特 勒：您有预见到崩盘吗？以及您是否感到恐慌？

格雷厄姆：没有。我是感觉当时的股价过高了，且一直对投机没有兴趣，觉得自己的投资方式挺好的。不过当时我错误地加了杠杆，所以不得不在 1929～1932 年艰难生存。这一点给了我深刻的教训。

巴 特 勒：当时有人预见到 1929 年的崩盘了吗？

格雷厄姆：巴布森预见到了，不过在崩盘 5 年之前他就把股票卖了。

巴 特 勒：1932 年您又回到股市了吗？

格雷厄姆：我们渡过了那个艰难的时期，1937 年恢复到了 1929 年的水平，我们的经营也步入正轨了。

巴 特 勒：对于 1937～1938 年的崩盘，您是否有充分的准备？

格雷厄姆：我们听取了一位董事的建议，对经营流程做了些许改变，也放弃了一些想法，集中精力做好已经持续成功的业务，所以做得还不错。1948 年我们投资了 GEICO，之后就出名了。

巴 特 勒：1940～1941 年是那之后仅有的熊市，有什么事情发生吗？

格雷厄姆：那一段也是萧条期，不过我们还是赚到了钱。

巴 特 勒：第二次世界大战爆发之后，你们仍旧是赚钱的？

格雷厄姆：是的，我们一直没有在经营上遇到问题，这一点也让我觉得没有挑战。1956 年我就决定退休了，毕竟已经把业务做到了这样的程度，遇到的都是老问题，我对解决这些问题兴趣不大。大概又过了 6 年，我决定出售格雷厄姆-纽曼公司，当时我对公司的继任管理层不太满意。如果我们愿意，可以继续把规模做大，但当时公司资本金被限制在仅仅 1500 万美元，所以有趣的地方只在于回报率的高低。

巴 特 勒：您是什么时候决定要写《证券分析》的？

格雷厄姆：1925 年的时候，工作了 11 年的我觉得对华尔街很了解了，应该写本书。不过幸运的是，当时我的灵感还是多于实在的了解，所以我决定先去哥伦比亚大学商学院教书。1928 年的时候，我们有了证券分析与金融的课程，有 150 名学生，而当时正处在华尔街的高光期。

直到 1934 年，我才和多德一起正式写书。他是我第一年上课时的学生，也是哥伦比亚大学商学院的一名助理教授，那时他就渴望学到更多的东西，也对这本书的问世起到了很大作用。第 1 版是在 1934 年出版的，其实同时我还有一部剧在百老汇上映了，但是只演了一个星期。

巴 特 勒：您还有一部剧登上过百老汇的舞台？

格雷厄姆：是的，叫《宝贝蓬帕杜尔》(*Baby Pompadour*)，或者叫《忠于马里内斯》(*True to the Marines*)。这部剧用这两个名字分别演了两次，都没成功。还好《证券分析》成功了。

巴 特 勒：就是大家常说的"那本书"对吧？

格雷厄姆：大家叫它"格雷厄姆和多德的'圣经'"。不过现在我已经对证券分析的细节没什么兴趣了，即使我认真研究过很多年。我觉得细节没那么重要，关键在于总体原则正确并能够坚持，只要很简单的技巧和原则就可以。

巴 特 勒：我个人感觉，必须对不同行业分别研究，才能分辨出管理上的差异，这是证券分析师需要解决的问题。

格雷厄姆：我不否认，但我对分析师采用这种方法选股的业绩存在疑问。近年来我的关注点转移到了板块上面，不必关注个别公司，去购买低估和符合标准的一揽子股票就好了，我所写的三篇相关论文也被收录在了研讨会的论文集里。

经过 50 年的研究，用这些简单的方法投资股票，获得的收益是道琼斯指数的两倍。我选取的是收益率高于同期利率两倍的股票，当然也可以参考分红情况或资产价值，研究结果表明效果是不错的。

巴特勒：我总是觉得，参考市盈率不如参考盈利收益率（市盈率的倒数），认识到一只股票的收益率是 2.5% 比认识到市盈率是 40 倍要容易多了。

格雷厄姆：是的，盈利收益率的概念更符合逻辑。

巴特勒：如果分红率为 50%，那就可以用盈利收益率的一半来预测可持续的分红收益？

格雷厄姆：是的，在一般情况下我认为盈利收益率应该是同期利率的两倍，大多数时候 AAA 级债券的收益率不会低于 5%，所以我对于这种方法有两个限制：一是即使利率低于 5%，最高的市盈率倍数也不应该超过 10；二是同期 AAA 级债券利率的 7 倍这个数字。所以我的选股标准是市盈率在 7～10 倍，基于此的研究还在芝加哥获得了莫洛多夫斯基奖。

巴特勒：我理解您的研究基本完成了。

格雷厄姆：看起来这种方法非常傻，因而不太可能有用。但我 60 年的经验可以告诉你，它经得起各种检验，当然我也接受各种批评和意见。

巴特勒：就像您也是一位不很活跃的作家一样，有很多的巧合存在，现在很多分析师开始推广随机漫步理论，对这一点您怎么看？

格雷厄姆：我相信他们都很努力、很认真，不过这些理论似乎和实际的投资业绩没什么关系。就比如他们说市场是有效的，因为人们在每一刻不可能拥有比已有的更多的信息，这一点或许没错，但基于此认为股价是公允的就不对了。

巴 特 勒：很遗憾，业界的分析师不能给学术界提供更好的补充和帮助。

格雷厄姆：我在投资时是很实际的，如果有 50 美元营运资本的股票只卖 32 美元，那就很吸引人了，买 30 只这样的股票肯定不会亏钱。但营运资本 2/3 的价格是否就说明股票被低估了？我们认为是。有没有别的方法？

巴 特 勒：所以是不是有别的方法呢？

格雷厄姆：我想找到的是简单的选股方法，但别人可能想要选出施乐公司或者 3M 公司，或者判断出半导体行业前景不错。我不认为这种努力是有效的，但人如果想忙起来，总有不少办法。

巴 特 勒：您在 30 年前是不是也这么认为？

格雷厄姆：30 年前我不否认这种努力，但我的态度是一定能找到足够被低估的股票。

巴 特 勒：所以有效市场理论干扰了市场？

格雷厄姆：他们认为有效市场理论是正确的，人们应该研究股价行情并获取收益。我不认同这个观点，60 年来我看到的是人们并不能成功预测股市。

巴 特 勒：这是自然的。

格雷厄姆：顶多就是看看《华尔街周刊》(*Wall Street Week*)，你会发现没有哪篇文章具有预测股市的权威性和独到性。去问那些作者的话，他们倒是很乐意跟你分享他们的观点，但也不会坚持说自己是对的。

巴 特 勒：您如何看待指数基金？

格雷厄姆：我旗帜鲜明地认为基金经理应该以指数为基础开展工作，只对指数进行改进就好了。当然大部分业界人士不认同这一点，他们觉得不同的客户有不同的需求。我始终不相信这一点，所有的投资者需要的就是满意的回报，过去 20 年的经验表明，以标准普尔指数为基础要比进行大量工作或收集信息有用得多。

巴 特 勒：对于想要成为一名证券分析师和特许金融分析师（CFA）的年轻人，您有什么建议吗？

格雷厄姆：我建议他们研究股市的历史，研究自己的能力圈，找到一条适合自己的投资路径，然后坚持下去，不要被他人干扰。我们以前就是这样做的，并且对他们来说，《聪明的投资者》是一本比《证券分析》更有用的书。我的一个侄子在几年前进入华尔街的时候向我咨询，我的建议是以 15% 的折扣去买封闭型基金公司，坚持下去就会很顺利。他照做了，干得不错，虽然后来牛市来临时他做了不少投机的生意，但至少开始时的稳健让他比较顺利。

巴 特 勒：您认为华尔街的分析师或基金经理是否从激进型基金、成长股崇拜、独断专行的交易或双层市场中吸取了教训？

格雷厄姆：没有。他们总说自己没有忘记，我觉得他们什么都没学到，并且将来也不会改进。人性贪婪如此，欲望存诸世间。英国经济学家白芝浩（Bagehot）描述过恐慌发生的原因——人们有钱就会投机，投机就会输钱，恐慌由此产生。我对华尔街向来是鄙夷的。

巴 特 勒：但在华尔街总还有独立思考的人吧？

格雷厄姆：没错，在华尔街你必须正确且独立地思考才能成功。

巴 特 勒：是的，正确且独立地思考。太阳要从云端出来了，就在此时的拉霍亚。您觉得华尔街将会有怎样的阳光？

格雷厄姆： 自1974年年中以来，在股市探底后，华尔街一直阳光灿烂。我觉得华尔街是不会改变的，现在的乐观情绪可能是过度的，未来的悲观情绪也可能是过度的，周而复始，这就是所谓的"摩天轮"，又或者叫跷跷板、旋转椅之类的。目前我认为，股市价格不算过高，但似乎没有谁担心1970年和1973～1974年的悲剧会在5年内重演。你可以在道琼斯指数上试试。

巴特勒： 真是一次令人愉悦而振奋的访谈，我们期待着在夏洛茨维尔收到您的回忆录手稿。非常感谢您，格雷厄姆先生！

金融战争

书号	书名	定价	作者
978-7-111-62403-5	货币变局：洞悉国际强势货币交替	69.00	（美）巴里.艾肯格林
978-7-111-59298-3	金融战争：金融资本如何在全球掠夺财富	69.00	李翀
978-7-111-39155-5	这次不一样：八百年金融危机史（珍藏版）	59.90	（美）卡门M.莱茵哈特 肯尼斯S.罗格夫
978-7-111-62630-5	布雷顿森林货币战：美元如何统治世界（典藏版）	69.00	（美）本·斯泰尔
978-7-111-51779-5	金融危机简史：2000年来的投机、狂热与崩溃	49.00	（英）鲍勃·斯瓦卢普
978-7-111-53472-3	货币政治：汇率政策的政治经济学	49.00	（美）杰弗里 A. 弗里登
978-7-111-52984-2	货币放水的尽头：还有什么能拯救停滞的经济	39.00	（英）简世勋
978-7-111-57923-6	欧元危机:共同货币阴影下的欧洲	59.00	（美）约瑟夫 E.斯蒂格利茨
978-7-111-47393-0	巴塞尔之塔:揭秘国际清算银行主导的世界	69.00	（美）亚当·拉伯
978-7-111-53101-2	货币围城	59.00	（美）约翰·莫尔丁 乔纳森·泰珀
978-7-111-49837-7	日美金融战的真相	45.00	久保田勇夫

大师人生

书号	书名	定价
978-7-111-49362-4	巴菲特之道（原书第3版）	59.00
978-7-111-49646-5	查理·芒格的智慧：投资的格栅理论（原书第2版）	49.00
978-7-111-59832-9	沃伦·巴菲特如是说	59.00
978-7-111-60004-6	我如何从股市赚了200万(典藏版)	45.00
978-7-111-56618-2	证券投资心理学	49.00
978-7-111-54560-6	证券投机的艺术	59.00
978-7-111-51707-8	宽客人生：从物理学家到数量金融大师的传奇	59.00
978-7-111-54668-9	交易圣经	65.00
978-7-111-51743-6	在股市遇见凯恩斯："股神级"经济学家的投资智慧	45.00

估值就是讲故事

书号	书名	定价
978-7-111-62862-0	估值:难点、解决方案及相关案例	149.00
978-7-111-57859-8	巴菲特的估值逻辑：20个投资案例深入复盘	59.00
978-7-111-51026-0	估值的艺术：110个解读案例	59.00
978-7-111-62724-1	并购估值：构建和衡量非上市公司价值（原书第3版）	89.00
978-7-111-55204-8	华尔街证券分析：股票分析与公司估值（原书第2版）	79.00
978-7-111-56838-4	无形资产估值：如何发现企业价值洼地	75.00
978-7-111-57253-4	财务报表分析与股票估值	69.00
978-7-111-59270-9	股权估值	99.00
978-7-111-47928-4	估值技术	99.00